在駐泰國代表處服務期間，利用長假，全家至吳哥窟一遊。

中（台）韓日三國教授會議於 1977 年 9 月在台北圓山飯店舉行。作者擔任端木凱董事長、李鍾桂執行長的韓語傳譯。

1997 年 5 月專程自曼谷赴首爾參加韓國大學恩師鄭然植教授退休儀式。

作者應邀至韓國曉星女子大學以「台灣與中國關係的現實與展望」為題演講。

作者（中間）擔任李總統登輝（左）接見韓國國務總理金貞烈伉儷（右）時之傳譯。

作者（中間）擔任李副總統元簇（左）、郝行政院長柏村（右）觀賞韓國「小天使舞蹈團」表演後之傳譯。

作者（中間）擔任孫行政院長運璿（右）接見韓國貴賓（左）之傳譯。

作者（中間）擔任李煥行政院長（右）接見韓國國會議長金在淳伉儷（左）之傳譯。

作者（中間）擔任林司法院長洋港（右）接見韓國憲法裁判所長夫婦一行人（左）之傳譯。

作者（中間）擔任外交部長錢復（右）與韓國建設部長權寧珏（左）之傳譯。從錢部長的臉色，可以解讀「斷交」已近。

作者(中間)擔任海基會辜董事長振甫(左)與韓國大農集團朴董事長龍學(右)來台出席民間經濟會議之傳譯。

作者(中間)擔任外交部次長蔣孝嚴(左)與韓國一所中學唯一建立蔣中正銅像的該校創辦人(右)間之傳譯。

韓國人說：雨中登泰山才能當總統；台灣人說：要有韓國大學榮譽博士才能當總統。親民黨主席宋楚瑜夫婦（中間）與作者夫婦（兩旁）合影。

作者（左）擔任「第六次韓中果實交易會談」我方代表與翻譯（首爾）。

作者（第一排右二）擔任「第六屆中韓海運諮詢委員會議」我方代表與翻譯。

作者（右）接受外交部田部長弘茂（左）頒發之十年服務獎章。

外交部與歪交部

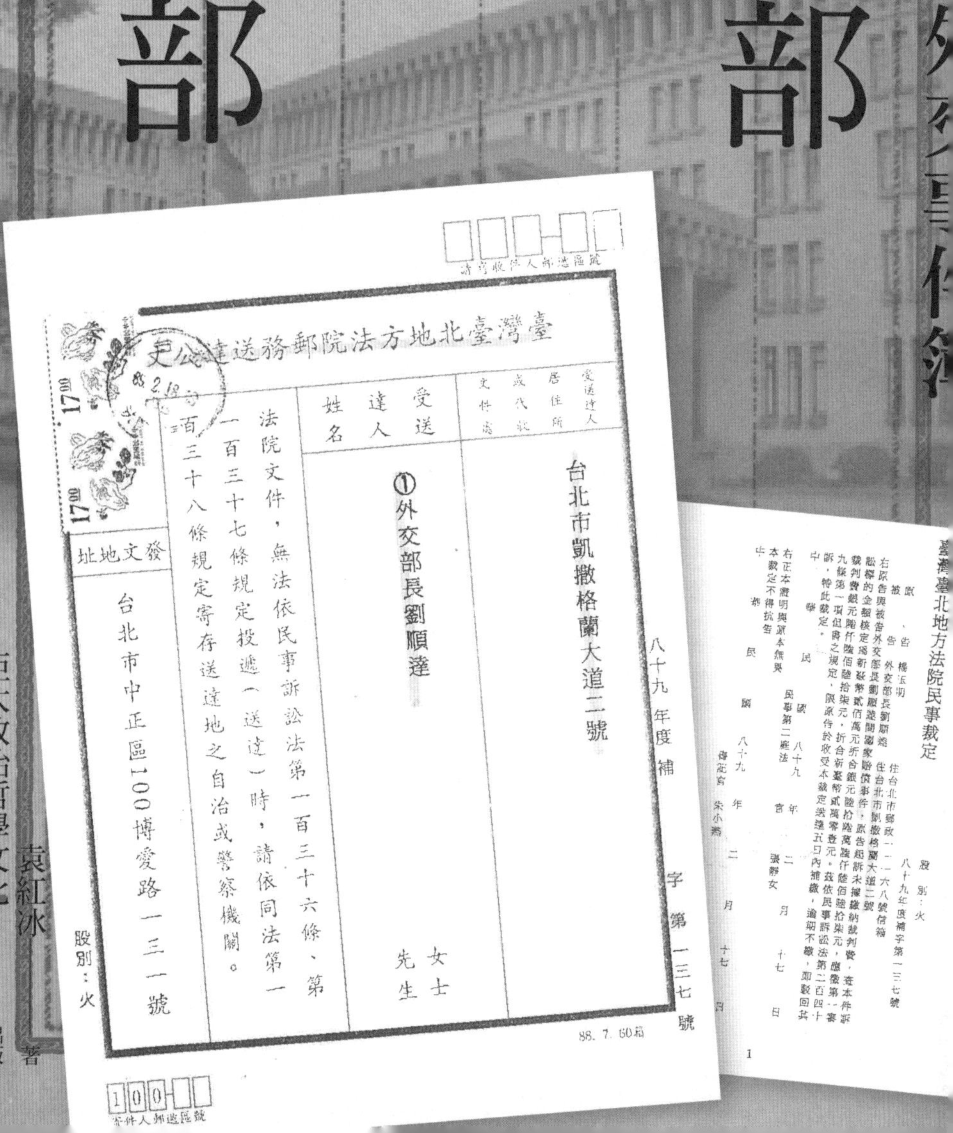
臺灣臺北地方法院郵務送達
公文
受送達人居住所或代收文件處：台北市凱撒格蘭大道二號
受送達人姓名：①外交部長劉順達 女士／先生
法院文件，無法依民事訴訟法第一百三十六條、第一百三十七條規定投遞（送達）時，請依同法第一百三十八條規定寄存送達地之自治或警察機關。
八十九年度補字第一三七號
發文地址：台北市中正區100博愛路一三一號
股別：火
88. 7. 60萬
寄件人郵遞區號 100
請寫收件人郵遞區號

臺灣臺北地方法院民事裁定
股別：火
八十九年度補字第一三七號
原告 楊汲明 住台北市郵政一一二六八號信箱
被告 外交部長劉順達 住台北市凱撒格蘭大道二號
右原告與被告外交部長劉順達間國家賠償事件，原告起訴未據繳納裁判費，查本件訴訟標的金額核定為新臺幣貳佰萬元折合銀元陸拾陸萬陸仟陸佰陸拾柒元，應徵第一審裁判費銀元陸仟陸佰陸拾柒元，折合新臺幣貳萬零壹元。茲依民事訴訟法第二百四十九條第一項但書之規定，限原告於收受本裁定送達五日內補繳，逾期不繳，即駁回其訴，特此裁定。
中華民國八十九年二月十七日
民事第二庭法官 張靜女
右正本證明與原本無異
本裁定不得抗告
中華民國八十九年二月十七日
書記官 朱小燕
1

袁紅冰 著

亞太政治哲學文化 出版

此書

我要特別獻給

曾在外交現場陪我打拚的女人

我的太太：倫宜

我的女兒：心怡

關於作者

山東漢子，黑白分明，嫉惡如仇，有情有淚。喜歡和「對味」的朋友乾一杯。倘遇「路見不平」事，肯為朋友兩肋插刀。

我一生有三個姓名：「劉順達」當然是父母取的；「유순달」是韓字名字；「Sidney Liu」是特別拜託大學美國老師取的。此人很「國際」吧。

我也使用三個筆名：金達、金勇、僑誼。其中，我最喜歡「僑誼」，是一位已故老藝人上官亮（本名陳萬里）沒有得到我的同意下在他辦的一份雜誌上自行為我「創名」。故事很特別，容在此暫時保留。

大學時的夢想——我在韓國大學攻讀英語系時，正好校報記者採訪我：「為什麼選擇唸英語系？」我的回答很簡單：「將來要做駐韓中國大使」。中國大使？哈哈！目前在韓國「中國大使」的國籍是「中華人民共和國」。

其間有幸工作都與「國際」事務有關。首先，在李鍾桂博士主持的太平洋文化基金會，再依次是宋楚瑜局長主掌的行政院新聞局國際處，辜振甫擔任主任委員的中韓經濟委員會，在這些單位得到很好的學習與磨練。光看這三位名聲，就知道我是多麼 Lucky！

總算老天未辜負有心人，有一天「夢想成真」。

最後以韓語專長踏入外交部亞太司。總算一直偷背：There is a will, there is a way. 沒白費。在外交部發揮韓語專長，曾擔任蔣經國（僅二次）、李登輝兩位總統之韓語傳譯。當時從外交部進出總統府沒幾步路，自然我感覺腳步（工作）很「輕鬆」。每逢聽到同事、親友說在電視、報紙看到我時，總認為「人生不虛此行」。

十六年之後改行至大學教韓語，十年後終於為人生劃下「最後一役」。現在，喜歡在報章投稿，將自己所學「韓國政治學」盡量發揮，提出時事評論，當成唯一樂趣，不怕得罪什麼人。書也如其人名。其間在臺、韓兩地出版了《介壽路二號的燈光永不熄滅》、《진짜 중국 사람 맞나요》（及《英文幽默笑話——外交100分》等中、韓、英著作多本。實現個人的願望：「老虎死了留皮，人死了留書。」

我永遠相信：「The pen is mightier than the sword.」。感謝老天在兩萬多個日子裡賜我一支筆，自由自在揮動，讓我活得有意義、有尊嚴，頭可斷、血可流，但永不向不公、不義惡勢力低頭。謹在此預告，我的下一本書叫《醜陋的檢察官》，以實例揭發臺灣檢察官的黑暗，敬請讀者拭目以待。

賜教處：liu2012sidney@ymail.com

封面故事——外交部長劉順達

首先我要鄭重聲明：我曾在外交部服務十六年餘，外交部人事處檔案中絕對沒有一項「外交部長」職位紀錄。

這是我在外交部亞太司二科承辦泰國業務時發生的一段「意外」。國人楊某某自緬甸採購一批玉石後，自泰緬邊界入境泰國時被海關沒收。楊氏返臺後向外交部陳情，希望索回原物。我立即電請駐泰國代表處即洽泰海關並將結果火速回報，以便向楊先生清楚交代。

本案處理過程中，楊氏每隔一兩天就電話催促，讓我不得不配合，再三電話請駐處快速處理。但楊君一直表示不滿、不悅，甚至說駐處同仁與泰國海關勾結私吞其玉石，簡直有點過分。說實話，其間我被他搞得十分「火大」，但心想要吃公務員這行飯，沒有生氣的理由，要認真服務國人，做到問心無愧。

約一個月時間，駐處將泰國海關依法沒收公文發回外交部，我即轉告楊先生處理結果。本案外交部只能協助至此。

沒想到，不知何時楊君提起國家賠償訴訟。我被臺灣臺北地方法院檢察署檢察官傳訊時，我告訴檢察官，對本案我有信心對得起我的良心，也無愧於國家。

事隔一段時間後，有一天突然接獲一封臺灣臺北地方法院郵務送達公文，受送達人姓名欄及民事裁定書上一共寫了三個「外交部長劉順達」。讓我哭笑不得。

一生中，只當過這麼一次法院封我的「外交部長」。實在不敢當，今天我要透過這本書正式將這抬頭還給真正主人外交部。

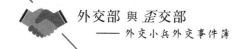

自序一　無比「Ugly」的外交官

選舉到了！外交部在電視宣傳一五三個免（落地）簽證國，做為外交成績單？
——惡疙吏又惡疙吏
《介壽路二號的燈光永不熄滅》被改成《凱達格蘭大道二號的燈光永不熄滅》。
——惡疙吏又惡疙吏
「AIDS」從泰國傳染到臺灣OK！沒事！大事化小，小事化無，害人無窮。
——惡疙吏又惡疙吏
「六年」外派賺美金，還不夠嗎？外交官「涉貪」，不該磕頭向國人贖罪嗎？
——惡疙吏又惡疙吏
每天下班留辦公室玩電腦打牌一小時，每月照報加班費三十小時。「吸血鬼」？
——惡疙吏又惡疙吏
外交官要「特權」時辯稱「於心不忍」，行「偽造」時謊言「依法辦理」。
——惡疙吏又惡疙吏

中山堂「世界自由日」意外事件，外交部只「嘉勉」；國防部卻「記功」。
——惡疙吏又惡疙吏

處理菲律賓濫殺我漁民案，洪姐一人足夠承擔中華民國外交部長職務。
——惡疙吏又惡疙吏

上班一套西服，下班另外一套「變」裝。結果鬧出「桃色」糾紛。
——惡疙吏又惡疙吏

外交官平時在家省吃儉用，但遇到別人請客時則「吃相」特別「難看」。
——惡疙吏又惡疙吏

部長（大使）夫人買不起一本書，請託丈夫部屬電話向作者索求。真可憐。
——惡疙吏又惡疙吏

前立委李顯榮點名痛斥有六類最醜陋的「外交蛀蟲」。有真言，有胡扯。
——惡疙吏又惡疙吏

甘比亞已宣布與中華民國斷交，外交部和駐外人員還在「睡覺」
——惡疙吏又惡疙吏

自序二　寫在「外交部與歪交部」前

「外交部國宴一人一桌」；
「失格外長自貶當翻譯機」；
「林郁方指外館拍在野黨立委馬屁」；
「外交部高官狠劈四人妻」；
「『職場完美主義者』外交官上吊亡」；
「前駐越外交官涉貪遭搜索」；
「李顯榮點名痛批外交蛀蟲」；
「黑心貨裝高檔　駐韓官員插一腳」；
「外交部袒護　監院玩假的　犯錯公僕竟升官」；
「駐韓外使落跑　郭子乾嘆官員怕事」；
「外交部近年屢傳弊案、醜聞，監察院在中秋假期前夕，一口氣通過糾正外交部北美司購酒發票不實報銷、駐斐濟代表處女雇員遭性騷擾、駐外館處預算編列錯誤頻生等，指斥外交部『狀況外』、『審核機制失能』，要求改進。」

看了以上新聞標題與內容不算數。此際，出現一位陳水扁執政時期「空降」擔任駐韓代表的L人士，似為證實以上新聞標題為真正，竟公開誇口，他掌握某些惡形惡狀外交官的證據，將來可以考慮寫一本有關「醜陋的外交官」書籍。

以我的認知，在中華民國外交史上，大概使用「醜陋」兩個字直接批評外交官的人，此君應屬第一人。好像比以上斗大新聞標題，更有火辣味，可謂「火上加油」。臺灣有一句俚諺：一隻牛剝二「領」皮。再次剝了外交官的一層皮。

只可惜，數年來，我去坊間書局認真尋找這本書，卻都空手而返。還好，此人講的話至今不僅沒有兌現，也沒人相信他會有「臉」寫出「醜陋的外交官」一書。

因為理由很簡單，這位L君本身就有太多不良紀錄。其中，最具代表性的例子是「三百韓華街頭示威與李代表率領的代表處官員對峙」。因此，這本書正好讓我有機會正面探討一下此人給外交部帶來的一堆「垃圾」。

當然我也不否認，除了以上這些「報導」和L君的「醜陋」外，還有多少不為國人所知的「醜聞」故事藏在「地下」尚未露出表面。所幸，讓我自兩年前開始從堆積的小書房「翻箱倒篋」找出一些其間用心收集的「密件」資料，其中部分是「獨家私藏」，今日得以公開，也只能算是千分之一「雪泥鴻爪」性質，無法包羅這大衙門的「百人百相」。

人是感情動物。國民黨榮譽主席連戰和蕭萬長二人搭配競選總統、副總統時，曾寫給外交部全體同仁的一封信，我至今還保留作紀念。這封信開門見山就說：「連戰曾在外交部任職，所謂『一日外交人、終生外交人』，對於外交部，我有難以割捨的感情。」當時或許有人認為，純為選票跟舊同事搏感情，但我完全同意連主席的說法。

憑良心說，我也有這種想法。我曾在外交部服務十六年多，「外交部」或「外交官」這個名詞不能說跟我完全沒有特殊感情牽連。尤其對我這已離職十餘年的人而言，提筆要寫一本《外交事件簿》，實在不知如何「下筆」。

有趣的是，我發現諸多今日發生的事都來自昨天。不幸，外交部早已忘卻昨日的舊事，例如：《壹週刊》報導的「外交部高官狠劈四人妻」故事，與《葉公超其人其文其事》一書中的「紅粉知己」逸趣頗有「異曲同工」之妙。

感嘆的是，二〇一三年四月發生「前駐越外交官涉貪遭搜索」案醜聞，臺灣檢方在其住處搜出二十餘個LV皮包。這起案例與我在駐泰國代表處親身經歷的一次「災難」幾乎一模一樣，成為「難兄難弟」。

當時調查局幹員查出一位鍾姓外交官不僅拿了「髒錢」，還傳播「AIDS」至臺灣，卻能獲得「無罪」脫身。外交部怕見報，這則新聞就偷偷藏起來。難怪「後人」不斷學習「前人」的「豐功偉績」。

如今，外交部面對如此多「醜聞」，不知有何感觸？這不是「自作自受」嗎？說實話，我對外交部的這種一向是非不明，「大事化小、小事化無」的不正常作為，非常不以為然，心裡比誰都難過又不解，必須一一挖出來公開檢驗。

挖出來的過程中，也有第一手私藏的秘密包括：南韓總統朴正熙遇刺後，南韓派來密使面見蔣經國總統經過；澄清辜振甫絕對沒有「小三」；前南韓外交部長李相玉說的中（臺）韓斷交秘辛；與立法院長王金平等人去杏花閣酒家喝酒等。值得讀者進一步瞭解其內幕。

在此，我必須要向讀者坦承，我在外交部最先以「海外留學生回國服務」專員身分開始，三秘、二秘、一秘兼駐韓代表處的業務組組長度過十六年歲月，算是「Small Potato」，即「外交小兵」。所見所聞和經驗絕對比不上有三、四十年資歷的大使、代表等「外交大將」。

重要的是，「做對事」和「講對話」。社交場合外交官跳「社交舞」，絕對不會跳「脫衣舞」，因此，國人只能看到外交官外表的華麗，無法一窺內衣、內褲破了幾個「洞」。

本書試圖讓外交官在正大光明的陽光下表演一場脫衣舞給國人觀賞，即使不是三點全露，也有一兩點可看就好。或許能成為後輩外交官或未來有志當外交官年輕人的一面「羅盤」，看清前方不會迷途。

我誠懇希望各位讀者能透過這本書都異口同聲地說出：「歐買尬！」原來中華民國外交官是如此「wonderful」或「ugly」。同時願與讀者共同期待，這本書裡的故事都能代表正面與反面教材，成為我們外交官的一種力量，讓外交工作更上一層樓，獲得更多廣大民眾的支持與掌聲。這本書的目標就達成了！

最後，此書得以問世，我要特別感謝亞太政治哲學文化出版公司及信義書局老闆林家成的鼎力支持與協助。

萬祈各位讀者不吝指教。

劉順達 謹識

二〇一五年

於成功國宅小屋

目錄 contents

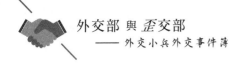

Story Two
胡作非為的外交官

Story Three
可恥可惡的外交官

Story Four
萬花筒裡看外交官

Story Five
又色又黃的外交官

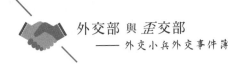

Story Six

見證歷史的外交官

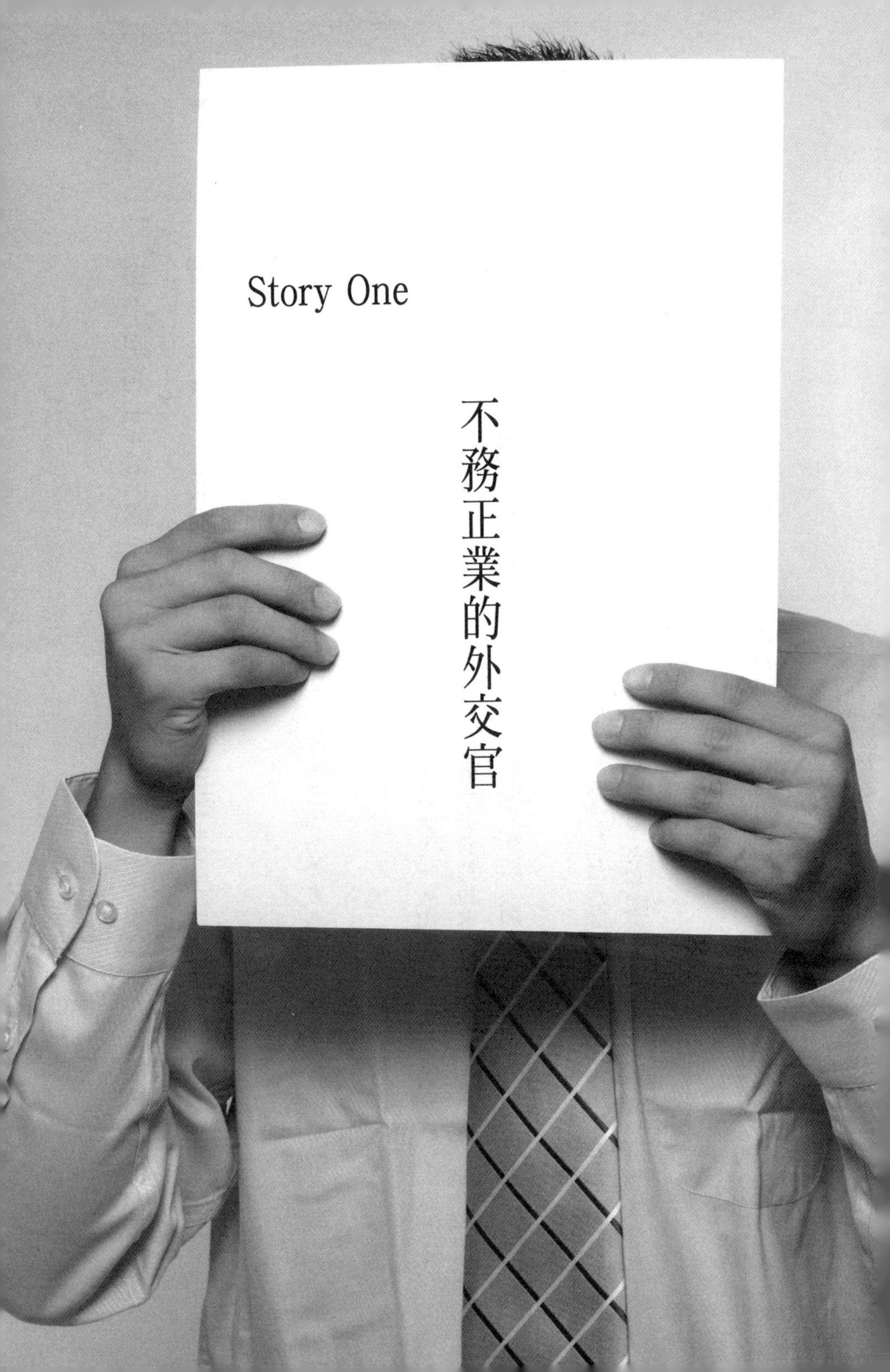
Story One
不務正業的外交官

李小姐的「我恨你」故事

Sam: My wife goes to bars and night clubs every night.
Lee: Why do you let her?
Sam: She is looking for me.

——Irresponsible《英文幽默笑話—外交100分》

我不知道這應該說是一篇「愛情」故事，還是「救美人」故事？這是我在駐泰國代表處的一件「歷險記」，也是外交生涯中，第一次也是最後一次遇到的事。說實話，幹了三、四十年外交官也不一定會有這方面的經驗，所以我絕對不能個人私藏，願與大家分享。

有一天因有公務要洽，去找辦公室總務組同仁。在黃組長房間偶然遇到一位陌生客人，臉上一副「愁雲慘霧」貌。瞭解這位「哥哥」自臺灣高雄專程來泰國曼谷是要接「妹妹」回臺灣，目前正面臨困難，並且在公司請假日數即將屆滿，不知如何是好。噢！故事如此這般……

原來曼谷的一所中國寺廟住持日前親自打電話向我駐泰國代表處告知，有一位來自臺灣的李小姐已住寺廟兩個月餘，希望能儘速聯絡臺灣家人或親戚接回。駐處即刻報告外交部後很快聯絡到這位親哥哥。

李小姐是憂鬱症患者，俗稱「神經病」。哥哥去廟裡探視妹妹，妹妹不僅不開房門，並表明自己沒有哥哥，只顧自己說話，東扯西掰，胡說八道。此行哥哥沒看到妹妹的臉，甚至一句話也沒搭上，非常失望。看樣子他要一人「空手」返臺。

碰到此種處境，我的「個性」自然流露。我主動向黃組長和哥哥提出「願意無條件幫忙」。第二天安排辦公室車子直往寺廟，一下車就見到住持。他國語流利，合掌不斷地說：「劉秘書，功德無量。」李小姐人都還沒見到，哪裡有「功德」可言？讓我有點「受寵若驚」。

住持引導我去探望李小姐，住持要她開門，她卻不理會，只管自己「胡言亂語」。那天好像聽她自言自語地說，美國某某總統來泰國訪問，與誰見面。又說一家工廠發生火災死傷多少人。東南西北，滔滔不絕，我根本沒有機會插話。是不是又要發生與哥哥的同樣窘局？著實讓我不安。

此時，好像老天要相助，出現一位大約四、五十歲在廟裡工作的婦人說可以幫我們打開後門，我們從後門進去可以見到李小姐。

一進門，看見小房間又隔了一半，終於見到坐在另一邊的李小姐。第一眼酷似臺北中國電影城裡擺設的中國歷史中女性名人蠟像，專心寫毛筆字模樣。李小姐頭髮凌亂，只用透明沙布裹身，坐在板凳上，在小桌擺著的一張長方白紙，反覆寫著「我恨你」三個字。

我直覺問題嚴重，先誇讚她字寫得很漂亮，並禮貌地向李小姐請求寫個「我愛你」送給我收藏。她不理你就是不理你，說什麼也沒用。我只好使出密藏的「第二招」：一邊唱起兒歌「妹妹背著洋娃娃」，一邊胡亂揮手動腳「跳舞」。

當然我在表演的同時，不忘偷窺她的反應；一時發現她在偷笑，心想，今天我這一趟沒白來。我邀她出來到院子裡散步，她回說現在「鬼附身」，要等下午四時才能出來。總算雙方有了第一次溝通。

一秒一分過去，我一直試圖騙她早一點出門，但她看我的手錶確認時間，還是等到四時整她才實現諾言。兩人趁夕陽西下之際在寺院裡散步，李小姐不讓我靠近她身邊，要求保持一定距離。遠處看到住持一直在「監視」我們的一舉一動。住持向李小姐建議：「兩個月來，沒出來看一看泰國美景，利用此機會和劉秘書一起去逛一逛。」她回答：「明天上午十時。」

說話如此爽快，瞬間真不敢相信她是「不正常的人」。我雖半信半疑她的話，但今天能見到李小姐的「廬山真面目」，並且有過一段對話，總比她的親哥哥有具體收獲。回到辦公室，準備明天上飛機的事，工作分配一切妥當：哥哥直奔機場辦好登機手續等候我們，我負責誘騙李小姐至機場。

助人為快樂之本，我的心情也異常愉快。第二天十時前抵達寺廟，李小姐也非常準時「約會」，住持在旁不斷叮嚀她不要忘了攜帶自己屋裡的物品，包括一把破損的琵琶。真沒想到事情這麼順利，我陪李小姐坐後座，前座有一位當地鄭姓雇員陪同，車子駛離寺院。

問題是當日華航班機曼谷飛臺北時間是下午二時三十分，因此，我們需要打發兩個多小時，又是一項挑戰。我請辦公室司機選擇郊區逗留，萬一這段時間李小姐發覺到什麼或變心怎麼辦？不是功虧一簣？當時，我的心確實忐忑又緊張。

據住持告訴我，李小姐兩個月來什麼都不吃，只喜歡喝可樂，所以車程半途，我就至休息站買可樂給她喝，並親切問她要不要吃點麵包等，一心讓她專注與我間的談話，不要「分心」或「胡思亂想」，以致破壞我們的預定「計畫」。

終於到了曼谷國際機場大廳，我陪伴李小姐稍坐，雇員先去和哥哥會合。此時，有外國觀光客發現李小姐彈着琵琶唱歌的「奇特」模樣，拿起照相機要拍攝，我邊喊「No photo」，邊用雙手擋住。心想，此刻既不能為國「爭光」，更要為國「遮醜」。

由雇員帶路，我和李小姐順利通過查驗站，進入機場走廊，走向登機門方向時，李小姐目睹機坪上停擺的各國飛機後，開始吵嚷要回寺廟找住持。我和哥哥一左一右挾持李小姐，強拖至登機門前，但被華航工作人員以安全規定拒絕登機。

我以「李小姐兩個月前可以搭華航飛機來曼谷，為何現在就不可以搭回臺灣」為由據理力爭，但完全無效。飛機飛走了，當我們無奈之際，看到一位醫師和一位護理士急速向著我們跑來，一面說這種事交給他們辦就好了，另一方面打開急救箱，給李小姐打了第一針麻醉藥，不夠，再打第二針下去之後，一會兒，才看到李小姐安靜地睡了。

抬上救護車送到「泰國國立精神病醫院」。簡單辦妥入院手續，我除了感謝醫師協助，質詢明天可否上飛機。醫師回說「要看患者病情穩定與否再作決定」。經過一番折騰後，總算暫時得到一個妥善安排。

據這位好心泰國醫生告訴我，前些日子，就有一位神經不正常男性臺灣旅客在機場自己頭撞大型玻璃，血流如注，由他送往醫院急救。他勸告我，以後若再遇此類患者，可電話請求他們協助。沒想到，泰國「國立醫院」都提供免費醫療。

我還碰到過這種「氣人」的事。一位在臺商工廠上班的臺灣技術人員，與泰國女友同居數年後，女友不告而別。他自己不僅被公司開除、並且在口袋空空的情況下，於曼谷市中心一處公園割腕，自殺未成，經一位泰國市民報案，由泰國警方送至國立警察醫院治療。我接獲警方聯繫後，即趕去醫院探視。我一看到這種人，就想先揍他兩拳。怎麼丟臉丟到國外？

後來聽臺商老闆告訴我，此人每天花天酒地，與泰國一家卡拉 O.K. 小姐同居，賺的工資全部花光。走投無路，無臉見人，想自行了斷生命，不值得同情。我送他返回臺灣時，在曼谷機場他還跟我要兩百元說買香煙，我爽快就給他了。

泰國醫師傳來好消息，說李小姐病情穩定，可以上飛機了。次日，我帶了內子和女兒的襯衫、內衣、內褲等各一套給李小姐穿。李小姐坐著輪椅與哥哥一起順利登上飛機返回臺灣。總算解決了泰國寺廟住持的請求，也解決了國人流落國外的困窘。

後來，外交部接獲李小姐哥哥給錢部長的一封感謝信，信中特別提及我的協助。另據她哥哥告訴我，她妹妹是跆拳道高手，曾在省運獲得銀牌。因被一位在臺灣自助旅遊的年輕「老外」欺騙感情，心理受到打擊，才會如此。

至今，有時我在夢裡還想到這位李小姐。懇切希望她身體早日恢復健康，忘掉不愉快的往事，為臺灣的跆拳道發展貢獻一己之力，更為自己的明天快樂活下去。

外交生涯中，能遇到這種「古怪奇事」，真是「千載難逢」。如住持和尚送我的一句話「功德無量」般，我為晚輩外交官先寫好一本Guide book。今後若遇此種事，就有了一個可遵循的S.O.P.。俗語說得好：「前人種樹，後人乘涼。」我在泰國種植了這一棵樹，讓它不斷成長。這是我外交生涯記錄中的光榮與驕傲事項之一。

二　外交官的特異功夫

先由我自己求變化，
除了老婆、子女不能換掉外，
其他都可換新。

——韓國三星《李健熙語錄》

外交官怎會抓毒犯？很多人不會相信，因為這是警察、海關及調查局人員等的職責。甚至，我一位要好的調查局朋友也以「異類眼光」懷疑真有其事。事情偏偏就發生在我駐泰國代表處工作期間。

這可能在中華民國外交史上，是空前絕後的一項無人能輕易打破的記錄。經法務部調查局正式函請外交部給予記功，肯定了我的「勇敢」事蹟。我認為，為中華民國堅守「毒門」，人人有責，沒有職業之分。

我在泰處工作五年餘，或說在外交部服務總共十六年多，創下畢生中最難忘、也是唯一一次經驗，就是用眼睛抓毒犯。今日讓我有機會傳遞這「特異功夫」給年輕外交官，備感榮幸。

大家熟悉，泰國自稱是「佛教國家」，也是「微笑國家」。但我覺得這個國家也有不同的一面，例如鬥人（泰拳：Kick Boxing）、鬥雞、鬥魚等，喜歡現場「看鬥」，似有它的特殊民族性與文化，我們必須要尊重。

泰國人每天觀看的泰拳比賽節目，由兩家電視台輪流現場轉播。一家室內體育館是比賽現場，入口擠滿人潮，有人要購買入場券，有人則在兜售賭博用號碼，熱鬧非凡。說穿了，泰國人看比賽是一回事，重要目的在於賭博。

有一天閱讀泰國當地華文報社會版題為：「昨日警方逮捕十二名博士」，讓我嚇一跳。心想：怎會有這麼多「博士」幹壞事集體被警方抓捕？結果請教當地華人朋友，才知道「博士」是指「賭博的人士」而言。雖然都是漢字，但各地華人用法卻大不同，讓我這真正博士有點酸溜溜的味道。

尤其，泰國除了賭博之外，毒品氾濫問題十分嚴重。依據《中央社》二〇一五年四月十日報導，目前在泰國監獄服刑中的國人約有一百七十人，其中八十七人為毒犯，刑期自三十年至五十年不等。聽說，毒犯在泰國法庭只要認罪，就可免除一死，有機會「活命」。

馬英九總統擔任法務部長時訪泰，曾專程去過監獄探視與慰問服刑中的國人。在駐泰代表處安排下，當時與近五十位服刑國人座談並送他們一些日常生活用品等做為「政府的關懷」。

當天，突然一位受刑人舉手發言，他說：「美國、英國等駐泰國大使館幾乎每週兩三次派專人去慰問其國受刑人，但未見臺灣駐泰辦事處人員來慰問他們。」似乎在向馬部長告狀。

我沒時間請示馬部長，急忙回應此人說：「我們代表處除利用三節來慰問之外，臨時遇有受刑人生病需要看醫生等，隨時都會派人來照料。」我並直斥他說謊，我說我會把你們五十人名字一一叫出來。結果，另外一位服刑人支持我的發言說：「劉秘書上個禮拜還來探視過我們。」沒想到，我居然在馬部長面前英勇地「表現」了一番。希望馬總統能記得此事。

鑒於服刑國人人數逐漸增加，照顧這批服刑國人成為泰處的一項例行工作。有時覺得這些人犯了罪還說大話，實在不應該。甚至，有人在牢裡寫信給臺北媒體告狀，說什麼他們在泰國受到「三等國民」待遇，非常不公平等。可笑的是，還有受刑人要求送國內報紙和雜誌等至監獄給他們閱讀。

有時，他們的新聞馬上就會上了國內報紙，外交部看了「緊張兮兮」，即拍發急電駐處要求調查原委，真是「沒事找事」。但將心比心想一想，這些人一時不察在他鄉坐牢，又無人依靠，的確需要我們伸出援助與愛心。

每當我見到張姓服刑人的年邁父母自臺灣勤跑泰國，有時至我們辦公室訴求臺、泰兩國應儘快簽署《引渡條約》或《換囚協議》等，兩位老人家總是淚流滿面，我的工作心情也受到影響。說實話，此案政府不是不努力，問題在於泰國政府不願意。

近日，臺、英司法合作密切，判決英籍罪犯引渡來臺受審，大家認為這是我國外交勝利，但至今司法程序還在進行，只能順其變。至於在泰受刑的國人何時能返臺繼續服刑？以目前而言，恐怕外交部說不出一個時間表。

因此，我在這種複雜環境下，辦理簽證業務需要特別注意。

沒想到，我自小從長兄的教導下，學會一眼就能認出扒手的一套特別功夫，剛好派上用場。我用心審查赴臺簽證申請表裡填寫的每一項內容，例如：姓名、性別、出生年月日、地址、職業、訪臺目的等，有時發現有疑問，就會請當事人來跟我直接面談。

面談雖費時，但好處多多，因為可以一邊談，一邊「看相」。我從輕鬆的對話中，可以尋找一些我想要的「東西」。譬如，一位二十來歲年輕老外告訴我，他在泰國交有一位親密女朋友，並且一起開酒吧等，就會引起我的特殊興趣，進一步注意「打點」此人來臺特殊「任務」。

另外一位老外，我從他的相貌及眼神中發現與一般人不同的特徵，臉色蒼白、眼睛東看西望，神經緊繃，好像幕後有人跟蹤他，眼睛不敢直接面對我。令我對此人立即發生莫大「關注」，可對準我的「目標」畫出一張清晰圖片。

這就是我的「Chinese Kungfu」，沒什麼特別，只要用心、專注，多注意身邊的人，就會有意外「收穫」。以往，我坐公車經常會碰到一些扒手，有時，扒手主動認知我的眼睛在注意他，他就悄悄在下一站下車了。好像我的眼睛已暗示了什麼「密語」。

又有時，我在車上靜靜欣賞扒手正在行竊，扒手撞見我在偷看後，立即停止扒竊下車，站在車外指着車內的我痛罵一頓。公車已關門，我只看到他兇巴巴的動嘴模樣，沒聽到他在罵我什麼，轉瞬間公車也開走了。

簽證工作困難不少，其中，防備「內賊通外鬼」也是一大挑戰。簽證組當地雇員最多，分成窗口收件、發件小組，另外內部審核、作業小組，總共有近二十人。她們的中文說、寫都不很「靈光」，加上臺灣派駐外交官又不懂泰文，因此雙方的溝通不能算是百分之百良好。因此，我的「尖銳」眼光發揮奇效。

C姓雇員與當地人力仲介公司人員密切來往，接受卡拉O.K.招待及收受金錢一事被我查獲後立即建議代表開除。此後，簽證組雇員都很「怕」我，甚至說，我不用耳朵，只用眼睛就可以聽懂泰語。真是把我太「神化」了。

在泰處工作雖壓力大，但有很多機會為國家做事，如馬總統所說：「撈過界，管閒事。」我連續三次純用自己的眼睛捉了三個不同國籍的毒犯，獎金和記功都沒少。這是其他外交官沒有的經驗，也是我一生累積的「私人財富」。

返國後，我常把抓毒犯的實際經驗告訴在海關、調查局、警局工作的朋友，勸他們多看易經，學習看相看人，在工作上一定會有助益。我確信一個人的特殊工作經驗，或許可以成為一百個人的一面「鏡子」，比書中學到的理論更重要。

在此，願以我多年的「眼睛功夫」經驗，不得不提一下震驚國人的「鄭捷殺人事件」。此事件，從各種角度來分析，可有千種萬種不同答案。總的來說，這是目前臺灣社會極為不正常現象。日後，恐怕防不勝防。事件發生後，我早已預言第二、第三，甚至更多「鄭捷」會出現。

我們生活在今日社會，與其等待政府來「保護」你，不如自己照顧自己。例如，在捷運上玩手機安不安全？我個人認為，玩手機沒有關係，最重要的是，一邊玩，另一邊要隨時注意身邊的人或物，眼睛要不時上下、左右張望。

如遇「奇怪」的人，自行悄悄避開至其他安全地帶，偷偷告知周遭人注意，並時時注視此人一舉一動，提高警覺與防範。我經常看到不少人一上車，眼睛只看前方，不看周遭。我老實告訴你，扒手最喜歡找你這類人下手。

總之，在外交工作中，我學會用眼睛識別周邊環境與人，獲得不少益處。「鄭捷案」平時若人人能學會如何用眼睛保護自己，即使不幸發生意外，但至少傷亡人數會減低。每個人的安全，你我都有責，大家一齊協力，人人才能保平安。

三 尋找晨跑短褲的小氣總統

惟一的特質就是：我不服氣，
我要做給你們看，我就想辦法，
靠自己努力、自立奮鬥，
鍥而不捨，不服輸。

——楊艾俐《孫運璿傳》

外交官從事的工作越來越像「三百六十行」，但有這種經驗的外交官恐怕少之又少，應該說是很 fresh。此事不僅外交部同仁想知道，恐怕很多國人也想瞭解這晨跑「短褲」故事與馬總統到底有何關係。

雖然是一件老故事，但是我在這裡，還是要把馬英九總統的一段「醜事」公開。讓讀者更靠近一點看清楚這位中華民國總統的另外一面，說不定這則小故事還藏着大道理呢。

一九九〇年代，當時馬英九以法務部長身分訪問泰國，由駐泰國代表處同事法務部調查局所屬邸秘書全權負責安排參訪日程及陪同，我則有幸從旁協助安排參訪泰國監獄、慰問服刑國人及預定酒店等。

依照行程安排，馬部長於星期五早上自曼谷搭泰國國內班機飛往清邁，視察著名的毒品供應地金三角等。沒想到當日馬部長一大早照樣晨跑後，清洗的短褲放在酒店房間，忘記放進行李箱帶走。

當天晚上我在家裡接到邸秘書的電話，要我向酒店找回短褲。因為星期六、日週末不上班，我只好用電話聯繫酒店經理兩天，他一直都說沒有找到。我很理直氣壯的告訴酒店經理，你們飯店屬於五星級一流層次水準，是你們在說謊？還是為了區區幾百元短褲，堂堂一位中華民國法務部長在說謊？請他繼續協助尋找，並請他找出當日打掃房間的清潔工於星期一上午與我直接通電話。

星期一一上班，清潔工打來電話，先問我說短褲小口袋裡還有三百元泰銖要不要？讓我嚇一跳，因為邸秘書給我的任務只是找短褲，沒有提到三百塊錢事。因我已被飯店經理折騰兩天，所以當時有點火大。我立即回說：「短褲和錢都不能少！」這位清潔工腦袋真單純，只想貪這三百塊錢，大概沒想到會被我一口拒絕。如今憶及此事，只能說這位泰國歐巴桑真笨！

先去酒店拿到短褲和錢，我趕緊直奔曼谷機場貴賓室與準備返臺的馬部長一行會合，將短褲和三百元交還主人馬部長。記得當時，他向我謝謝外，還說了「鍥而不捨」四個字來稱讚我。我認為，馬部長可能親自打過電話向這家酒店找尋未果，因此，才會對我說這句話。

外交官連這種找尋短褲的事都要做？這是不是「外交」工作？恐怕一般國人不會瞭解與認同外交官還要做這種瑣事。可是對我而言，也算是外交工作上的一個小插曲，至今記憶猶新，回味無窮。

從這件「小事」來觀察馬英九，也許見仁見智。我小時喜歡看蔣經國說的「小故事大道理」一書，印象深刻。往往小事也會隱藏著大哲學，千萬不能小覷。

我有這麼一段真實小故事可以告訴大家。小時常去跟我家父母有「結拜」關係的徐姓朋友家玩，徐家有十個兄弟姊妹，女孩七人，男孩僅三人。鄰居都異口同聲讚美這家「七公主」姊妹花長得都很漂亮，屬於男人「特別喜歡」型。或許就是這個原因，後來從姊姊到妹妹一個一個都「戀愛」結婚，不必父母操心，都成了「結婚孝女」。

我要談的主題當然不是七公主，是我的朋友和他的兩個弟弟。個個天生一副小白臉，所謂的「帥哥」。但這些男孩自幼長期生活在一堆花叢裡，自然會染上「女人味」。說白一點，就是「男人不像男人」或者具有「女人腔」。此種生長背景影響深遠，至今，此三人在社會上沒有什麼「男的朋友」。

大家都知道，馬總統出身「男少女多」的家庭，有姊姊和妹妹，沒有哥哥或弟弟，所謂的「獨生子」。一般來說，多少會受到姊姊和妹妹的「女孩味」影響。所以我敢大膽地猜測，以馬總統的「個性」一定要找回短褲，但對一般大男孩來說這種人鐵定屬於「小氣鬼」。

晨跑短褲和三百元泰銖，或許對馬總統很重要，例如短褲是名牌等。可是，一般「男子漢」的處理方式可能會不一樣。第一，會選擇放棄。因為是自己的「失誤」，考慮自己的身份和地位，不想讓其他人知道。第二，再買一條新短褲。不知道短褲值多少錢，丟了就丟了，再去買一條新的就好。第三，不怕被媒體報導嗎？如果當時有記者隨行採訪，肯定這種醜事，一定會公諸於世。

再說，如果一個家庭只有一個兒子，很容易被父母寵愛，又每天受到姊姊、妹妹的包圍，自然外面的「男的朋友」少。這已從馬夫人「美青姊」的幾次公開談話得到證明，在此不必由我來多費口舌。

沒有朋友當然沒有「沾鍋」機會。馬英九一直強調從政廉潔「不沾鍋」，絕對是個人美德，這也是為什麼臺灣人民兩度選擇馬總統的主要原因之一，但卻管不了自己周遭親信的不貪污，確為自己留下洗不清的「敗筆」。

看看韓國歷任總統金泳三、金大中、盧武鉉及李明博等人哪一位不是因兒子、兄長及親信貪瀆，在韓國近代政治史上留下惡臭一頁。這點，我也早已寫信「警告」過馬總統。

我的經驗是，「不沾鍋」反而變成「傻瓜」。

我在外交部領事事務局第三組文件證明小組擔任小組長兩年期間沒有申請過一毛加班費。有一位陳姓小組長每天固定下班後加班一小時，利用公務電腦玩「撲克牌」，一個月照領七、八千元加班費。

我很感謝同事孫小姐告訴我這件事，並勸我「比照」陳姓小組長辦理。我說這樣做，我會良心過不去。如果每天公事繁忙，不要長官來指示你加班，自己理當會加班。沒事就下班回家，何必玩「撲克牌」一個小時，這也算加班嗎？這是不是外交蛀蟲呢？實在沒良心。

再回頭觀察馬英九「不沾鍋」問題，執政八年「樹敵」太多。最明顯的例子是「馬王政爭」。立法院長王金平打電話給法務部長曾勇夫關說案，至今是非「霧煞煞」。但黃檢察總長第一審已被判刑在案，證明明年政黨輪替後，此案還會持續燃燒下去。

迄今很多人搞不清楚，馬總統的企圖是什麼？只是要拿掉王院長的職務？還是要把王院長關進牢房？不幸，本案第一回合是馬總統自己先「輸光光」。尊為一個國家總統，需要跟同黨的立法院長鬥爭嗎？沒有一點政治感覺與常識，令人可笑。這是馬英九洗不掉的政治負債。

臺灣政治混亂，我認為做為總統的馬英九要負很大責任。在民主國家，總統沒辦法和反對黨領袖坐下來好好談國事，甚至如同敵人般「王不見王」，不僅是國家之災難，並且對民主制度也是一大諷刺。民意曾掉落至九趴的總統，還能奢求什麼歷史定位？諾貝爾和平獎？

南韓總統的做法值得借鏡。朴槿惠上任兩年半以來，已有多次與反對黨主席會談紀錄。朝野在國會打架歸打架，與總統定期或不定期聚餐或茶敘，交換意見，又是另外一碼子事。沒有閉門密談，也沒有「被摸頭」的憂慮。

各種國家節慶被邀請名單中，也絕對少不了反對黨領袖。這次很奇怪，民進黨總統候選人蔡英文宣布要參加國慶大典一事，不僅上了新聞，各界議論紛紛。本來是正常事現在卻變成「不正常」。這就是臺灣人民要打藍綠各五十板的原因。

去年臺灣九合一地方選舉國民黨慘敗後，各界罵聲轟隆不斷，馬總統不得不辭去黨主席一職，以安撫黨員和安定混亂政局。選前，他沒有明白表示選輸就辭退黨主席。從這一角度可以看出馬英九「唯我獨尊」的心態。我雖不是研究心理學的人，但這絕對和馬總統生長的家庭背景有關。

這篇尋找短褲故事，也是我外交生涯的「作品」之一。可以留給大家評價馬總統「八年政績」時，希望能成為飯後茶餘的一小塊點心，請品嚐一下這「短褲」裡面味道如何，是否也帶有「女人味」呢？

四　外交官的一支筆

年輕外交官時期，我喜歡閱讀美國前任總統、著名大使們的回憶錄。希望退休後，自己也能寫一本回憶錄是我的夢。

——韓・李相玉《轉換期的韓國外交》

外交官外放之前，外交部安排兩週受訓，我很榮幸曾有兩次機會上過陸以正大使的課。眾所周知，陸大使自大陸時期到臺灣，他一直專責「文宣」工作，所以聽他的專業課程，讓我在駐外工作上發揮筆耕之學理與技術，受益匪淺。

我大使館或代表處都設有新聞組對外發言和散發文宣資料，主動宣揚「國策」。若發現外國媒體對我有負面或扭曲報導，則立即投訴予以澄清。我雖不屬於「新聞組」人員，但在駐泰國和韓國各有一次「筆仗」，正好與目前臺灣選舉話題「一個中國」有關，因此，值得一提，並願向各位讀者請益。

泰國《星暹日報》一九九七年七月二十四日刊登一篇題為：〈「一國兩制」臺不適用？〉全文如下：

星暹日報總編輯先生台鑒：

頃讀七月十九日貴報新聞：「臺北經貿代表處指出，一國兩制臺灣不適用。」該代表提出：「臺灣一旦加入聯合國後，將會逐步促進兩岸統一。」

以「中華民國」為政治實體要脅，要像法國（按：應為德國）、韓國一樣，成為兩個國家，由臺灣加入聯合國，再「逐步促進兩岸統一」這種一廂情願設計是否行得通，是否能為全世界華人接受，李登輝的企圖是不是如此等等，該代表處就像在說夢話。

就算臺灣加入聯合國後，如何促進兩岸統一，而不是按照「一國兩制」方針去做，請問該代表，你們用什麼具體方法去實行兩岸統一，請詳細道來，不是空口說白話。大家看得很清楚，臺灣的目的就是要入聯合國，成為獨立國家，才是李登輝的目的。在此願祝編安！

讀者七月二十一日

這位讀者顯然衝着代表處和代表發言而來。我的手開始發癢，不得不提起筆，以「華人一分子」身分與他「論戰」一番。下面是我的投稿內容：

拜讀貴報七月二十四日《大家談》一讀者投書〈『一國兩制』臺不適用？〉一文後，願以海外華人一分子，提出以下淺見：

我認為，在談「一國兩制」之前，應先談「一個中國」問題。其實臺海兩岸均堅持「一個中國」原則，因此，無論是臺灣獨立或西藏獨立問題絕不容許存在，相信這也是全球華人的堅持，希望國土維持完整，不要像外蒙古一樣獨立成為「蒙古人民共和國」，更剴切希望分別於一九一二年與一九四九年創建的「中華民國」與「中華人民共和國」面對現實，就「自由民主的中國」與「共產專制的中國」比較符合全中國人民的願望與利益，提出和平統一中國的正途。

說實話，「自由民主的中國」與「共產專制的中國」分裂近半世紀以來，雖長期處於軍事衝突和冷戰對峙的關係，所幸「誰也沒有吃掉誰」，各自在臺澎金馬與大陸有效管理領土上，創造各自的實力，獲得世人不同程度的認同與讚賞，誠屬可貴，也值得我們中國人驕傲。

面對二十一世紀協商時代的來臨，無論是經貿、環保、軍事及政治等雙邊或多邊紛爭，大都以和平談判方式謀求解決之道。由此，與其採「以大欺小」的武力方式，不如採「相互尊重、協力互助、對等溝通及縮短差距」的和平方式更為實際、有效。西方著名的國際關係學者大衛・密特尼（David Mitrny）曾強調：「和平是點滴心血累積而成（Peace Pieces）。」頗值臺海兩岸有關人士參考。

敬祝編安

華人一分子

一九九七年八月於曼谷

看到以上兩篇文章後，終於由第三者署名「老龍」跳出來主持「公道」。他寫道：

七月二十四日，讀了貴報一位讀者的〈『一國兩制』臺不適用？〉八月三日又讀了華人一分子對七月二十四日大家談的「有感」，都使我非常欽佩！而我骨鯁在喉，再來一談一個中國的前途。

一般臺胞，他們大都未身受日本人奴役，更不知日人侵犯大陸的慘劇。更不知臺灣所以有今日之繁榮，乃是蔣經國先生及陳誠將軍採用了國父孫中山的平均地權及民主開放的成果，而李登輝能成為總統也是經國先生的苦心重託。而今竟然公開要搞「臺獨」實在令人失望之至。

其實他可能是受了外國人的分化慫恿？像以前的東德西德，現在的南韓北韓有何好處？坦白說：看到臺灣的一邊，國會的動武及黑幫的橫行，何能奢談獨立？再看另一邊的大陸幾次三反五反及紅衛兵的無法無天，雖然如今經濟自由發展，相當成功，但貪污之風更甚於以前之國民黨，頗令我人擔憂之至！

深盼兩岸雙方，趕快改過自勵，不要兄弟鬩牆，顧全全世界中國人的願望，堅持「一個中國」原則，攜手遵行國父孫中山的三民主義，走向和平統一中國及世界大同的正途。阿彌陀佛！善哉！善哉！

一九九七年八月五日

如果說上述文章是針對泰國僑胞為對象，則下面三篇是與中國駐韓大使館官員「以文交戰」。兩相對照別有一番滋味在心頭。

大陸新聞官（二〇〇二年十二月二十一日）、韓國人（同年十二月二十三日）及我（同年十二月二十五日）的三篇文章分別刊登在南韓著名新聞媒體《朝鮮日報》。原文為韓文，均譯成中文介紹如下：

〈臺灣是中國領土的一部分〉

最近一部分韓國言論報導中「韓國與臺灣兩國間之交流」、「臺灣的首都臺北」、「兩國間空中之路」等的文句，並且電視畫面中出現象徵臺灣的旗幟，這種表現會給觀眾與讀者植入「臺灣是一個國家」的錯誤認知及產生誤會的空間。

臺灣如同韓國的濟州島般是中國的一個島嶼，是中國領土之一部分，不是一個主權國家。這是包括韓國在內的國際社會之共同認知。中韓建交的政治基礎之一正是韓國政府承認「一個中國原則」。

我們對韓國與臺灣在經濟、文化等民間層次之交流合作無異議。進而韓國政府遵守「一個中國原則」，不與臺灣發展政治關係是一個有責任政府該做的事，對此則無意指責。

（李瑞鋒　駐韓中國大使館新聞官）

韓國人宋寅俊回應的話非常中肯，也代表多數韓國人的心聲：

〈認定臺灣是一般感情〉

看到二十一日刊在讀者意見欄的駐韓中國大使館新聞官〈臺灣是中國領土的一部分〉一文，容我說幾句話。以中國政府立場這樣主張或許是理所當然，並且韓國政府也正式如此認定。但是，實際大多數韓國國民認定臺灣是一個主權國家，希望也能知道這是韓國人一般情感。外交官雖為自國政府代言，但也要考慮駐在國國民的情緒。

實際上，韓國人未忘記臺灣是大韓民國的友邦。中國堅守兩個韓國，卻強求我們遵守一個中國是沒道理的。

我則以個人名義鄭重駁斥駐韓中國大使館新聞官的論調如下：

〈誰說臺灣是中國領土的一部分〉

拜讀二十一日意見欄版〈臺灣是中國領土的一部分〉與二十三日〈認定臺灣是一般感情〉。

我是出生韓國的華僑，在韓國讀完大學再去臺灣獲得碩士學位。我至今從未聽說「臺灣是中國領土的一部分」，萬一駐韓中國大使館新聞官的話說得對，那請問韓國人要去臺灣簽證為何不能在中國大使館取得，要去駐韓臺灣代表部辦理？

戰爭紀念館裡面也清楚寫着：「中華民國（臺灣）是於一九一一年透過辛亥革命一九一二年成立，中華人民共和國則於一九四九年成立。」如同南北韓般，中華民國和中華人民共和國分裂逾半世紀，至今共存為事實。

尤其韓臺斷交十年後，在兩國政府與人民的不斷努力下，「重啟民航」在即的情況下，這種潑冷水的言詞不僅對韓、臺關係，並且對韓、中關係也毫無助益。

從以上六篇（三篇在泰國、三篇則在韓國）投書內容，我們可以清楚解讀泰國華僑對兩岸的期盼，也可以瞭解目前韓國人對臺灣的心聲。外交部和外交官可以據此，畫出一張未來工作指標，不致如瞎子摸象。

不幸，不論駐外人員如何努力，臺灣每逢選舉，九二共識、一個中國及統獨問題就浮上檯面，臺灣內部不團結，意見嚴重紛歧，如何能讓駐外人員繼續為中華民國仗義執言？這是非常嚴肅的問題，也是臺灣外交的悲哀。指責外交官之前，藍綠政治人物先要檢討與反省。

五　除了老婆、小孩外都可換掉

人生有多種：
有服務的人生，有自私的人生；
有智慧的人生，有愚癡的人生；
有快樂的人生，有煩惱的人生。
——星雲大師《自在人生》

「除了老婆、小孩外都可換掉！」這句話絕對不是我講的。韓國三星集團會長李健熙於一九九三年在德國法蘭克福向三星全體員工宣布的主張，至今成為三星公司的經營理念。三星從日本「牙牙」學起，如今已進入全球排行榜企業，讓世界刮目相看，不是沒原因。

日本人小松易也提出類似李健熙的「換掉」哲學。在他所著《這樣整理，天天都有好事發生！》第三章〈收拾是改變人生最簡單快速的方法〉一文中說：在收拾的過程中，一定會面臨很多「丟」或「不丟」的判斷，這時候，決定「不丟」的東西，必須是未來一定會用到的東西。

這位日本朋友大概不瞭解臺灣外交官搬遷的辛苦。搬家一次就要收拾一次，又勞命又傷財，對外交官而言，兩三年至六年期間外放或調回輪流發生，因此，搬家時經常會面對「丟」

或「不丟」的問題，處理上應無太大難題。

我的「丟」經驗可以分四個不同層次來分述：一是捐書；二是捐古董；三是捐各種物品；四是捐錢。

先說捐書的事。

這可能我已養成習慣。其間，我捐書的對象包括韓國與泰國僑校及各大學圖書館。我有一個我內人非常反對的習慣，就是「撿書」，別人不要的或丟掉的書籍，我都撿回家存起來，一方面自己看，另一方面以備來日之用。所以，捐書對我來說是一項「長期作戰」，而不是一時興趣來的突發性動作。

第一次捐書：位於韓國第三大都市大邱。大邱的國立慶北大學和我的緣份特別深遠，一個外國學生能就讀大學和研究所博士班，兩度為母校，確實不容易。結束博士課程後，舉家返回臺北前，整理書籍時分為「丟」或「不丟」兩部分。要丟的全部捐給學校圖書館，減輕不少行李重量。後來還獲得母校校長金益東（盧泰愚總統之妻舅）之一紙感謝狀。

第二次捐書：臺韓斷交前，我在駐釜山領事館擔任副領事，一九九二年八月二十四日兩國斷交，束裝回臺前，我把書整理出來捐贈一家私立大學。因我與該校創辦人安東濬有段特殊緣份，我曾在臺韓兩地擔任過他的傳譯。安先生曾任國會議員，他的書法作品不僅在南韓國會大廳永久展示，也頗受韓國人收藏。

第三次捐書：我改調駐泰國代表處任職五年餘，返國前拜會泰國華僑崇聖大學蔡康毅副校長，捐贈三百多冊書籍，包括我在泰國出版的《高麗第一》一書，深具意義，並經泰國世界日報特予報導。

萬萬沒想到，這件小事被許代表知道了。有一天，他親自跟我說：「順達捐書很好，我也要向你學習。」後來我因調外交部工作，所以無法確認許代表有沒有兌現他的捐書諾言。

其次是，捐古董。

這是我一生中最難忘的一件美好回憶，充滿「驚奇」的收穫。

首爾市有一個地方叫清溪川，每逢週末開放為古董市場，形形色色，各式各樣物品俱全。我喜歡利用週末去逛這個古怪市場。

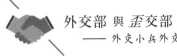

有一天看到一個四方紀念銅牌，模樣很像煙灰缸，鑄有二十多個漢字姓名，全是一九五〇年考進韓國朝鮮銀行的同期生，價錢便宜我就買下。該銀行在韓國具有一百多年歷史，還附設有銀行博物館，對外開放參觀。

因駐韓國代表處與這家銀行光化門分公司有金融業務來往，離韓前，我把這「破」銅牌送給分公司經理，沒料到，他就送去博物館，博物館長發現他們館藏物品中沒有這份物件，認為非常珍貴。

館長為收藏與展示，立即報告至銀行總行行長，行長寫了一封感謝信並準備了一分貴重韓國陶瓷，特派副行長帶了文字和攝影記者專程來代表處辦公室向我致意，並採訪我取得這份古董的原委及捐贈動機等。

後來，該則新聞與照片數張刊載於朝鮮銀行（現合併為新韓銀行）每月發行的定期雜誌上介紹。真沒想到，一個沒值多少錢的「破」銅牌居然能為我「發光發亮」，這應該屬於「老天爺送我的禮物」吧。

最後要講的是，捐各種物品。

現任首爾市長朴元淳當選市長之前，是一位著名人權律師，也經營一個公益團體叫「亮麗店舖」。我調回臺灣前，將家裡的電器、帽子、手錶、陶瓷及韓國朋友送我的禮品等，悉數捐贈「亮麗店舖」。

朴元淳為了表示謝意，還請我吃了一頓午餐，並送我由他親簽的著作和有關介紹「亮麗店舖」的書籍。「亮麗店舖」特別邀請我擔任「一日店長」，直接與購物者面對面，並安排韓國《中央日報》記者採訪，我頓時成為韓國媒體新聞人物，新聞還稱譽我是「亮麗外交官」。這種「榮耀」可謂一生中「可遇不可求」。

當時，我和朴先生談話中，提及為「亮麗店舖」在臺灣找一個類似夥伴締結姊妹關係。我原先想去找「慈濟」談一談此事，但「慈濟」是佛教慈善團體，與「亮麗店舖」性質不同，就放棄走這一條路。至今我為「失信」內心不安。

說實話，其間我不是沒有努力。我透過認識的國際獅子會朋友協助尋找適當合作對象，都無具體成果。現在，我得厚顏請求臺北市長柯文哲出面幫忙促成這一樁美事，能送給朴市長一個「Big surprise」。

捐錢事多半發生在韓國，包括水災、濟貧等，因為我曾接受韓國政府獎學金留學韓國，所以一直存有一分「感恩圖報」之心，盡心盡力而為，沒有不良企圖。俗語說：「右手做的事，不要讓左手知道。」但直話直說，有時必須看情況，無法刻意「保密」。

惟這個故事就很特別。有一年在韓國大邱市舉行大學世運，我從韓國報紙看到一則有關查德選手穿著破運動衫和運動鞋新聞，內心感覺戚戚然，尤其，當時我國與查德有邦交，並且我個人與駐查德鄭欣大使在臺北也有一面之緣。

我決定捐出一千美元提供查德選手購買新衣、新鞋參加比賽。不料，又加深一分緣分，選手村村長是大邱啟明大學校長申一熙，申校長曾應教育部邀請訪臺時，剛好由我擔任翻譯及陪同，兩人每年交換賀年卡，一直保持聯繫。他特別打電話給我說，一千美元由他親自交予查德選手，他表示感謝並要我放心。

後來我駐查德鄭欣大使寫信告訴我，一方面對我的善舉表示稱許外，另一方面告訴我，他也會俟機向查德總統面報此事。不幸，臺灣與查德斷交，我與鄭大使失去聯繫。相信下次見面時，鄭大使一定會有很多故事告訴我。

我從捐書、捐古董、捐物品及捐錢，擁有了很多朋友，他們是我無形的寶藏。星雲大師告訴我們：「想一想，我本來只是孤獨一個人，孑然一身的來到這個世間，忽然之間，我擁有了父母、兄弟姊妹、老師、朋友、國家社會，甚至宇宙虛空、大地山河。我不但『擁有』這許多，更『享有』他們所給我的方便；我享受了世間給我的這麼多好因好緣，因此我怎麼能不感謝、祝福那許多『擁有』的人呢？」

著名韓國法頂大師在其遺作《無所有》一書中也有類似惕勵：「事實上，我來到這世間時，是空手來的。隨個人的命活在這地球後，除籍時也是空手而去。但生活中擁有了這些那些，也可以說是日常所用的東西。惟不能不擁有非需要的嗎？若仔細查看，發現有不少可以不要的東西。」

這句「發現有不少可以不要的東西」，乍聽起來非常「平凡」，但是環顧周邊，有多少外交官願意丟掉這些「可以不要的東西」，甚至還要貪婪「非分之物」。如果能做到，LV名牌包可以不要，「天上掉下來的女人」也可以不要，則不怕悟吉法師在《感應錄》中說的話：「貪官污吏死後墮地獄。」

以上三位臺、韓法界大師的名言和警句，確實發人深思。我正在規劃，家裡現存有的幾百本書籍包括中、韓及英三種，結束我的生命前儘早擇日捐出，完成「空手來、空手去」的人生「至高目標」。

韓國人要你除了自己太太、子女不能換掉外，其他東西都可換新。日本朋友也忠告我們：「來！動手吧！今天收拾，將改變十年後的你。」我不知道「十年後的事」，但我一直相信並努力去實踐這句西諺：To give is more blessed than to receive.（施比受更有福）。

六 路邊的「豔福」不是福

我拋棄了所有的憂傷與疑慮，去追逐那無家的潮水，
因為那永恆的異鄉人在召喚我，他正沿着這條路走來。
——泰戈爾《採果集》

人生的旅程中，在異國他鄉走在街上，遇到一位漂亮的陌生女人向你搭訕，是「天上掉下來的禮物」嗎？下面一則真實故事會告訴你一個非常「另類」答案。

黃秘書比我長幾歲，高雄人。每天笑口常開，人稱「老好人」。我有幸在駐泰代表處與他同事一段時間，沒看過他跟別人吵架或大聲講話。公餘我們幾個「哥兒們」也會去卡拉O.K.唱歌，喝點酒，天南地北談，舒緩工作壓力。

他租的公寓正巧在我住的胡同斜對面，與我做鄰居。一方面考慮曼谷塞車問題，另一方面選擇與辦公室距離不遠，可以走路上下班，大概約需二十分鐘，至為方便。但兩人因工作性質不同，所以很少一起上下班。

我在上班路上，並且是同一地點，連續五次遇到一輛計程車突靠人行道旁停下，後座一位

「濃妝艷抹」小姐開車門，左手拿起一張地圖，右手招呼你過來問路。我的第一警覺是：第一，我是外國人，也不懂泰語；第二，要問路，泰國人應該問泰國人；第三、我對曼谷地理不熟，問我也白問。

因此，我每次都雙手舉起來明確表示「No」，無法提供協助後，就繼續走我的路。最後一次甚至還演出「我跑，車子追」的恐怖劇情，酷似一部搶劫電影。每次事件發生後，我都會在辦公室一五一十公開實況，描述發生的地點、人和車子特徵等，主要籲請同仁們注意防範。

沒想到有一天早上，這位黃大哥（私下我喜歡這樣稱呼他）上班，就在我先前「受難」的地點，遇到同一部車、同一人以同樣手法犯行。黃大哥莫名其妙地上了車，就開始覺得頭暈，這時車已開始疾駛，他急忙喊「Stop」要車停下來，下車後發現放在褲子口袋裡的皮夾不見了，包括外交官身分證、信用卡及現金幾千元泰銖就這樣輕易被扒竊。後來去警局報了案。

大約過了一個月左右，泰國警方捉到犯人。二人組合，一男（計程車駕駛）、一女（原來是人妖）。在同一地點專找臺灣、韓國及日本等東方人下手，「食髓知味」已有好長一段時間。

後來我雖沒機會向黃大哥確認找回多少錢等，但是我真想恨恨地罵黃大哥：「您是臺灣外交官對嗎？我五次都沒上當，您一次就被騙。」是您「愚蠢」還是被「女色」迷惑？外交官自己都保護不了，還能說大話「護僑」或保護來泰國旅遊的臺灣觀光客嗎？

我在駐泰代表處經辦的工作中，心裡最難過的一件案子是，有七位臺灣觀光客被泰國觀光警察謀殺。簡單描述事件經緯是，這七位在曼谷市中心著名夜市門口一下車就遇到泰警以臨檢為名，將他們帶上警車開往郊外一處偏僻地區。現金、金飾，護照等全被搶劫，並且為了殺人滅口，就地槍殺。

由於案發地點在鄉下（記不得名稱），經泰國檢警調查後，責由該地區法院審理。我前後去過法院旁聽兩次，三名嫌犯中有兩名轉成證人和污點證人，兩人全指向一名嫌犯是真正開槍殺人犯，判決結果似已明顯。如今臺灣家屬的眼淚業已流乾，本案早已成「歷史檔案」無人再問津。

泰國治安確實問題不少。據我所了解，泰國的警察和軍人待遇甚薄，因此有部分不肖警察或軍人從事討債或謀殺等不法交易，賺取額外金錢。一般「行情」是，抽取百分之三十佣金。如果幫你討回一百元債，你就要付給他們三十元。

我有一次這方面的實際經驗，想起來至今手腳還會發抖。有位朋友公司雇用的泰籍職員捲了一筆公司款項逃跑，朋友請我協助。我找了和我一起健身運動的泰國友人商討，他說可以幫忙，但捉到這位逃犯後即要付佣金。約一週時間後就逮到逃犯，團夥有人亮出手槍直接問我：「要不要幹掉這人？」我急忙回說：「千萬不可以殺人。」

無可諱言，泰國是一個觀光資源豐富的國家，政府的總收入約有百分之八十以上依賴觀光產業，來自世界各地的觀光客到處可見，彷彿像一個世界人種博物館，因此與外國人萍水之緣的交往這種機會很頻繁。

有一次在路上遇到一位以色列護士（已有孫兒）向我問去希爾頓大飯店的路。因我住的公寓就在希爾頓大飯店斜對面巷子，我仔細告訴她後，還把我的一張名片遞給她，她則寫了姓名和地址給我。每年聖誕節之前，雙方交換卡片問候幾句。交往多年後，失去音訊。不知這位老護士還在不在人世。我沒去過以色列，但她是我唯一認識的以色列人。

還有一對日本中年夫妻與我的偶遇也是一個緣份。一次週末，我偕太太和女兒一起去華欣海灘戲水，回曼谷的高速巴士上巧遇這對夫婦。到站後，五人搭一部計程車，我先送他們至下榻的酒店，再行返家。他們對我付出計程車費和友善表示感謝並互留名片，以便日後保持聯繫。

忘了是哪一年底，這對夫婦來臺灣，住圓山大飯店，打電話給我，我下班後跑去見他們，接他們至中山北路二段巷子裡一家餐館吃晚飯、聊天。得知他們是利用航空公司送的免費票來臺灣旅遊。夫妻二人都是高中老師，膝下無子女，酷愛旅行。彼此每年都有交換聖誕卡片互道平安。事隔多年後，也斷了訊息。

我離開外交部，應聘至臺南一所私立大學教書。該大學王姓董事長卻把我安排到他山東老家曲阜一所專科學院擔任副校長。學校設有英、日、韓語科，我有機會與日籍老師認識。因此將日本夫妻朋友舊地址交給一位日本老師，請求他協助尋覓這位朋友下落。真沒料到很快得到消息，這位日本朋友喪妻後，失意之餘，志願申請至柬埔寨當日語老師。

如今，回憶起在泰國異鄉能與以色列和日本朋友相遇純粹是緣份。其間，若我未主動付出，他們也不會與我相交。或許有人計較，問我你得到了什麼？投資值得嗎？因為我沒有任何企圖，所以僅能回答：只問付出，不求收穫。如果與朋友什麼都要「Give and take」，恐怕朋友都會跑掉。

其實，這完全是我喜歡交朋友的個性使然。

我剛進外交部時，幾乎沒有認識的朋友，我想出在短時間內認識很多人的方法。外交部有近二十個左右社團，有靜態的如中國紙藝社、橋藝社、書法社等；動態的則有高爾夫聯誼會、桌球社、籃球隊等。我主動報名參加了登山健行、外丹功、合氣道，一下子就認識了很多外交部各單位的長官與同仁。我這個交朋友的「秘方」，確實非常有效，今天才對外公開，免費傳授給後輩年輕外交官。

後來，有幸擔任「登山健行會」會長時，每次遊覽車在外交部西側門出發前，我上車反覆叮嚀的一句話是「快快樂樂出門，平平安安回家」。辦活動最怕出意外。此次八仙水上樂園發生的塵爆事件給我們的教訓是：遊山玩水，千萬不要忘了自身安全。

在各類活動中，至今最難忘的是爬山。攀登臺灣百岳是「登山人」的夢想，其間，我至少也登過玉山等四、五個三千公尺以上高峰，還拿了一張臺灣省林務局核發的「勇士證」。至今記得與吳次長等同事一行爬大、小霸山時的點點滴滴，夢中還會流露微笑。

吳次長每走一段山路，就從包裡拿出蘋果補充體力，他取名為「維大力」。我還看到吳次長登頂後，不忘用手機不時向夫人報平安，值得晚輩學習。可惜，我們幾位山友約定日後一起登日本富士山一事，恐怕要留到下一輩子去實現。

郊遊或爬山，有的時候還需要小喝一杯助興。吳次長知道我每次都會帶一瓶酒，吃飯時，他故意開玩笑：「怎麼今天沒見到酒精？」我就趕緊從登山包取出來，大家一面一塊分享，一面忘情談天。

登山不僅是健身而已，可以學到人際關係。在高山，吃東西要分享，走路要相互拉拔，不能搶先恐後。在山上幾天所培養出來的友誼與團隊精神比在辦公室三百六十五天相處更彌久、堅固。

我很不諒解，為什麼臺灣外交官不僅在部內喜歡互鬥，還要到國外暗鬥、互控，不以工作表現回饋國人，只怕別人「比我好，比我高，比我大」。這種心態實在分散「整體外交實力」。

外交工作絕對不能「馬虎」，還需要人民的支持與掌聲，但遺憾的是，當我們看到甘比亞宣布與我斷交時，外交部和外交官還在「昏睡」的表現，確實只能讓國人瞠目結舌而已。

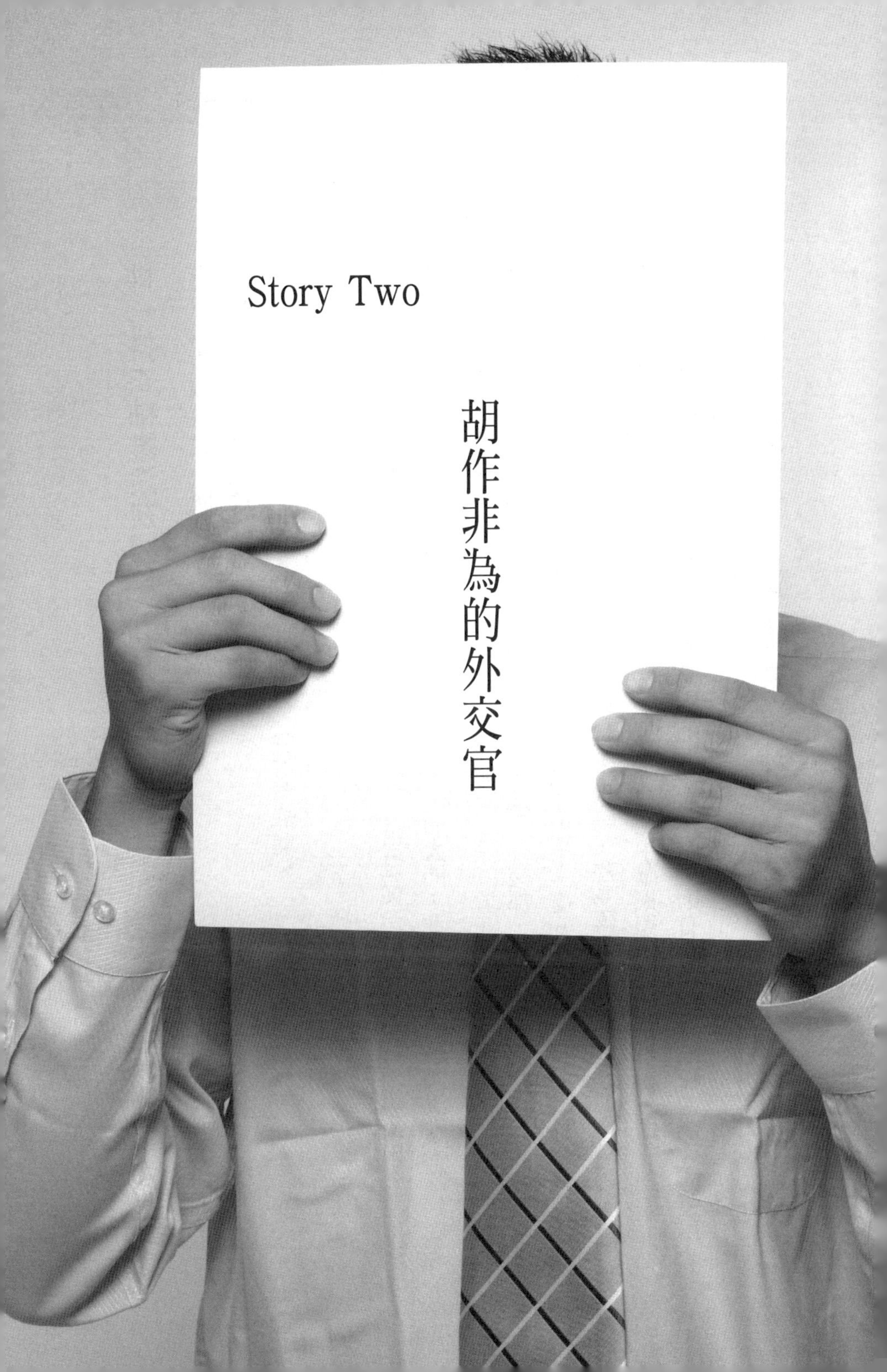

Story Two

胡作非為的外交官

一抖一抖衣袖誰沒灰塵

識人識己識進退，時時身心平安；
知福惜福多培福，處處廣結善緣。
——聖嚴法師《108自在語》

抖一抖衣袖誰沒灰塵？這句話聽起來似乎很平凡，但是從一位外交部駐外館長口中講出來，就不「平凡」了。不妨讓我們打開這位館長「家」的大門，進到裡面用顯微鏡瞧一瞧到底有沒有灰塵？真相就會大白。

我於一九八九年三月以「留學生回國服務」名義進入外交部，負責韓國業務。其間，數次擔任錢部長與韓國駐華大使韓哲洙間傳譯時，我業已嗅出中（臺）韓面臨斷交之訊息。當時我違反服務滿三年外放的規定，「自告奮勇」投入「戰場」，想為國家盡點棉薄之力。

工作兩年餘後，於一九九一年七月，我第一次外放至中華民國駐釜山領事館，擔任副領事一職，確實讓我失望。簡單說，若派在中華民國駐韓大使館，則有機會承辦政務，或許能運用一下我曾在太平洋文化基金會、新聞局、中韓經濟委員會及外交部等累積下來的韓國政界、財界、軍界、學界等人脈，結果「事與願違」。

顧名思義，中華民國駐釜山領事館是一個名符其實的小館，一位領事，二位副領事及一位主事；另加當地華僑雇員及韓籍司機，總共八人。辦理的業務沒有包括政務，只承辦簽證及僑務，工作不是特別繁重，應說是非常輕鬆更為恰當。我負責簽證業務，大部分是韓國旅行社申請的來臺旅遊簽證。

有一天，我一上班突然見到韓籍司機就在辦公室大廳公開大聲批罵王姓華僑雇員未照原先二人口頭約定，賣完館車後分攤「回扣」，卻被王姓雇員一人獨吞；王姓雇員一句都不敢回應。我從這位司機口中得知一些內幕，懷疑本案不是單純王姓雇員一人「吃錢」，應還有其他人介入。

因此，我認為Y領事會進一步調查此事。但萬萬沒想到，他反而極力包庇這位雇員，甚至，他親口跟我說：「抖一抖衣袖，哪個人沒有灰塵？」如果是一位正直的長官，應該先調查真相後呈報外交部，怎可對部屬說這種話呢？至今，令人百思不解這到底是什麼「謬論」。

Y領事的醜聞不只這一件。有一次，我應韓國濟州島朋友之邀請，利用週休二日帶太太和女兒一家三口自費去濟州旅遊。星期一一上班就被這位領事喊去他辦公室問話，他很正經地說，我去濟州旅行經費全由一家韓國旅行社買單。

簡直無中生有，我理直氣壯回話：「如果有此事，請你把我立即呈報外交部fire掉。」當然我知道這是王姓雇員設計的報復。原來是「吃錢」事件發生後，Y領事和王雇員兩人合作的

「丟人現眼」之惡行曝光。

工作環境一天不如一天之際，陳副領事因任期屆滿要調回外交部，我特別利用僑團歡送陳副領事晚宴結束、一起返家之機會，向他請教：我與Y領事第一次共事，兩人無怨無仇，他為什麼如此「是非不分」惡意對待我？陳副領事告訴我兩件事，真是極其意外又可笑：

第一，Y領事嫉妒我。我進外交部時擁有韓國國立慶北大學政治學博士學位，據我所知，當時外交部職員具有「博士學位」的人確實不多。但Y領事為我的「博士學位」嫉妒我，實在沒有必要，只能認定他是心胸狹窄的「小人」。

第二，不要踩到Y領事的影子。他是領事，我是副領事，辦公室任何公事都需Y領事出面或簽字，根本沒有我做主的份兒。怎會觸及踩不踩到他的影子問題？實在無法理解。

我想了再想，試圖找出原因，以便自我檢討與改進。只能亂猜有兩個可能性：一是我的流利韓國話；二是在當地釜山日報文化版專欄撰寫文章事宜；否則就不應有其他事情讓他嫉妒我或我能夠踩到他。

此人作風確實有問題。陳副領事離任後，外交部派來一位丘姓副領事。丘副領事到任不久就與Y領事因一件公事，兩人在辦公室大吵一頓。當時，我心想，Y領事年齡應有丘副領事父輩之長，因此，率直一點說，吵架一事應是Y領事的不對。何況大家公認丘副領事是一位敦厚、正直的年輕外交官。

還有這種缺德的事，Y領事都敢做。前任呂領事高升至首爾駐韓大使館出任總領事不久，他的不少國內外信件還寄到原工作地點釜山領事館，韓籍雇員蔡小姐遵照Y領事指示，全扔進垃圾桶。我覺得，呂領事人在首爾「近在咫尺」，並且不需花多少錢就可郵寄，我撿起來打包後寄給呂總領事。後來，呂總領事特別來電向我致謝。

我第一次外放，就碰到這種「惡質長官」，可以說，很倒楣，也很難忘。是外交部把Y領事放錯地方？還是因為他個人家庭因素（兒子問題），讓他時而發神經出氣？至今，我找不出正確答案。但「此人此事」卻在我的人生歷程中，留下無法抹去的記憶污點。

這位Y領事在外交部屬於「日本通」，精通日語，平常也喜歡跟韓國人講日語。他有個很不好的習慣就是愛抽煙，一天恐怕需要抽上幾包香煙。曾擔任過國小老師的領事夫人很賢慧，就是討厭丈夫抽煙，但自認無法「妻管嚴」。

嚴重的問題是，身為外交官最起碼應知道韓國人不喜歡日本人，這是基本常識，但是這位領事偏偏愛秀他的日語，不論什麼場合與一些韓國年長者皆以日語溝通，有說有笑，自得其樂，完全失去外交官身分。

甚至，午宴或晚宴時，客人飯還沒吃完，中途他就先開始抽煙，邊抽邊講日本話，有傳譯同事在旁也沒用。我認為，Y領事在正式場合應講國語，再經傳譯人員翻譯，才合乎外交禮節。

更奇怪的是，Y領事好像不甚滿意自己做外交官，經常告訴同事說，他進入外交部工作之前，曾考過一次司法官考試，分數僅差零點零幾分沒上榜。此話簡直在暗示：「他應該去做法官或檢察官，而不應當外交官。」

大家總認為他喜歡吹牛，因此沒把他的話當真。其實，外交官有外放機會可以賺美金，待遇也不輸給法官、檢察官啊！即使他認為外交官一切不如司法人員，也不必自貶身價。這不是往自己臉上澆糞便嗎？

此人最可惡的是，對錢不乾淨。我第一次以「副領事」外放，不知辦公室還有「交際費」可支領。每月領美金薪資時，一位女性李主事向我要私章，我二話不說就交給她去蓋印。後來才發現領事與主事「勾結」，我的「交際費」我根本一毛也沒拿過，被他們任意使用，每月卻順利蓋上我的私章報外交部，部裡會計處（現主計處）審核時，肯定認為係由我親手蓋章後領取。

此事我絕對經得起考驗，因為，我有人證。當時與我一起擔任過副領事的陳、丘二兄目前還在外交部工作，可以請教他們原委。說實話，迄今，我還不知道那時我的每月「交際費」應有多少美元。

就是因為Y領事此種「不乾淨」表現，造成不僅我，還有很多同事合理懷疑Y領事本人是否也拿到其他某些好處，例如賣館車、韓國旅行社送的香煙等，但手中沒有這方面的確切證據，話只能說到這兒。

在這種惡劣工作環境下工作，憑良心說，我若繼續幹下去，如果自己「不瘋」，也會像丘副領事一樣跟他大吵一架。如今，我必須要告白，我當時的心情是多麼無助與掙扎。

更離奇的一件事是，斷交後，我們離開釜山前一天下午五時許，Y領事突然取消與釜山地區唯一親我韓方團體「韓．中友好協會」(R.O.K.-R.O.C. Friendship Association) 事先約好之惜別晚會。說直話，大家心情沮喪，這場晚宴可以不吃，但先答應，然後晚餐一小時前再取消，確實有失體面，令韓方無法諒解。

該協會成立於一九七四年五月十八日，幾乎與我駐釜山領事館設立日期不差幾個月，歷史悠久。成員大都為釜山地區企業家和僑團校負責人。名譽會長為Y領事，我和其他同仁則是會員，可以說，對中華民國至為友善，每年不僅派會員來臺參加十月國慶大典，並參加領事館主辦的國慶酒會。

取消晚宴後，Y領事自行臨時安排在領事官邸與部屬（包括當地雇員）一起用餐，他首先對其間同事的努力與協助表示感謝，接著說：「是是非非，恩恩怨怨，到此結束。」這十二個字是他最後一次留下的一句「名言」，至今，我還是「霧煞煞」，無法推測此話的真意。

在此不能不比較一下臺灣駐韓外交人員與中國駐韓外交人員，雙方最大不同是語文問題。中國和南韓於一九九二年八月建交以來，自首任大使張庭延至現任大使邱國洪，一個個韓國語「一級棒」，很容易融入韓國社會，甚至跟韓國外交官一起吃狗肉、喝「炸彈酒」。但我沒看過臺灣外交官玩這一套。臺灣外交官好像不需要朋友，回家陪老婆就好了。

我曾經常喜歡與部裡年輕同事聊天，強調外交官要會交朋友，不能只靠每月交際費請朋友吃飯、打小白球，那恐怕太小氣了，朋友不是傻瓜，他也知道你花的錢是公家錢，所以還要捨得掏自己腰包，才能「交遊廣闊」。

尤其，一個人無論在哪裡工作不重要，最重要的是能否遇到一位好長官，可以學習他的學識、品德及工作經驗等，是書本中絕對學不到的，也是人生最大寶貴收穫，享用不盡。一個人一生中，總會遇到「好長官」。至今，我的這種想法一直沒有改變。

二　外交官推銷「AIDS」到臺灣

沒有亮麗的路，不要直線奔馳，
風也好江也好直線是災殃。
曲曲彎彎的迴繞，
江才能深又遠的流。

——韓・朴老海《沒有直線》

外交部同事林人傑甫於二〇一五年初退休。他與我曾在駐韓代表處共事很短時間，說直率一點，兩人沒什麼交情。但沒想到，他臨別時送我一句充滿友情的「忠言」，我非常感動，藉此機會我也要特別感謝他，蒙他對我如此「賞識」。

就是這麼簡單一句話，「在外交部從未見過像你這樣對錢乾淨的人」，確實打動了我的心。因為我一向與金錢保持「距離」，寧可自己掏腰包，絕不動「公家錢」腦筋，這樣就平安「無事」，夜晚睡覺也可伸直「雙腿」，更不怕鬼來敲門。

財政部長張盛和曾說：做公務員，不要想賺錢。好像古今中外很多「名人」都說過這類話。我的不變人生哲學是：想賺錢，就去做生意；做公務員，就不要有非分之想。尤其，外交官不同於一般公務員，有駐外六年淨賺美元之「特權」。因此，更不該變成貪官污吏，愧對國人和國家。

古今中外，好像沒人不喜歡錢。當然外交官也不例外。

以阿拉伯語文專長考進外交部的鍾姓秘書表現與其他同事非常不一樣，酷愛「髒錢」。他來駐泰國代表處工作之前，就有一段「奇案」秘辛，已預料了他的下場。

外交部原先發布的人事命令，他不是派駐泰國，讓他很失望。腦筋一轉，他立即寫信給因工作關係結識的泰國國會議長「求救」，這位議長好心很快寫信給錢部長建議，為改善臺泰關係需要鍾秘書來泰工作。結果外交部依據此封信將他改派至泰處。

他一家人自臺北來曼谷，我奉長官指示至機場接機照料並安排住宿。接機後，我告訴他已安排好一家靠近辦公室的飯店，我第一次來泰國時也曾經辦公室同仁安排住過，衛生清潔，房價也合理。萬萬沒想到被他拒絕。他回說，住宿問題他已自行安排妥當。到了飯店，赫然發現他的一群泰國朋友在大廳等候。後來聽說，這些朋友屬於曼谷某「人蛇集團」分子，住宿費全由這些人負擔。

一位特別喜歡泰國的鍾秘書，原來改派泰國有特殊「目標」，勾結當地「人蛇集團」，用非法手段辦理簽證「賺錢」，不僅害了自己及家人，也間接損害泰國國會議長、錢部長等人的

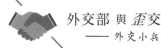

名譽。

他外放泰國不滿三個月，即被調回國內，等候法律制裁；對外交官來說，實屬罕見事例。不知何因，是外交部保密到家，還是堅持「家醜不外揚」，當時國內新聞媒體都漏掉此一大條新聞。

本案經緯一點都不複雜。

某一日早上我正常上班，正在準備當日簽證業務時，秘書組（因負責與泰國政府和國會接洽業務，所以亦稱政務組）同仁鍾秘書主動來找我。我坐着，他站着塞給我一捆泰國護照及簽證申請表，一邊向我解釋，昨晚與泰國M國會議員吃飯，餐後去卡拉O.K.唱歌、喝酒，分手時該國會議員拿給他五本泰國護照並請託赴臺簽證事宜。

我一查看護照，全是漂亮泰國女子，直覺有問題，我的臉立即變成赤紅。鍾秘書發覺我的表情變化後，馬上拍著自己胸膀說：「老劉，你不要怕，我來負責。」我請他在每一分簽證申請表上簽名，並註明請託的泰國議員姓名。當時心裡雖有疑惑，但我往「正面」去考慮，或許鍾秘書為推動政務需要，因此我沒報告上級長官就自行核發簽證了事。

好像過了一兩個月，外交部發來急密電報調查此案，並附一張國內新聞剪報，標題寫着：〈泰女數人賣春被警方逮捕，檢查被發現身上還帶有愛滋病〉。坦白說，因我平時操守清廉，遇到此種事自然有「信心」，根本不怕外交部來電調查。

許代表立即將電報交由法務部調查局派駐的D秘書承辦此案，我則從旁協助。我們從倉庫一堆舊簽證申請表資料袋中一一尋找，花了幾天時間後終於找出這五名泰女簽證申請表。當然申請表上都有鍾秘書本人簽字及泰國國會議員的英文姓名，證據確鑿。

D秘書有了這些明確證據與線索，案情就好偵辦。關於調查鍾秘書一事細節，因屬機密，D秘書不可能事先告訴我，所以我也一概不知。其間，D秘書依法確實也調查過我的銀行帳戶及我有無與鍾秘書私下「勾結」等，作了偵查筆錄等必要之司法程序，沒有發現有任何金錢異常進出和違法情事。

俟後，本案調查完畢呈報外交部，D秘書才告訴我三件事：一是鍾秘書曾在我駐沙烏地阿拉伯代表處工作時，即已進出曼谷多達二十餘次。二是泰國M國會議員堅決否認有請託鍾秘書簽證事。三是鍾秘書親自撰寫的第一張自白書完全認罪，但卻在第二封自白書中「咬我下水」，說什麼他請託我是一回事，發不發簽證是劉秘書的事。D秘書認為鍾秘書實在可惡可恥，沒有任何理由與證據可以出賣我，真所謂「狼心狗肺」的人。

攤開來說，此事太離譜。我聽了D秘書的話後幾乎要瘋掉，當時真的想去動手打鍾秘書幾拳。因為，第一，他請託我並拍胸保證由他完全負責。第二，他收取一個簽證二十萬元泰銖，總共收了一百萬元（料想他不可能全拿，還要跟人蛇集團人員分攤），沒有分我一毛錢，因此，我不是共犯，他沒有任何證據可「拖我下水」。第三、他要下跪向我請罪，看看我要不要接受並原諒他。

鍾秘書被調回國內後，立即辭職。

外交部有一個令人匪夷所思的傳統，必須提出來讓大家「公評」。明明是一件外交官違法事件，理應移送法辦。不幸，外交部卻依照傳統「大事化小、小事化無」原則，人既已辭去，就不移送法辦了。

對我而言，這是極為不公平的事。理由很簡單：違法是違法，辭職歸辭職，怎能混為一談。說實話，我對外交部「好人」與「壞人」，是非不分的做法非常氣憤又不滿。他敢「咬我下水」，我為什麼不能依法「回擊」呢！

如果今天還能把此案拿來重新調查（希望明年由新政府調查），我願意接受任何法律挑戰。我曾向馬總統控訴此事，外交部則將責任推給檢方與法院說：「查無具體犯罪證據，予以不起訴。」就草率結案。我完全無法苟同。

怎麼說沒有具體犯罪證據呢？先不談吃錢事，光就鍾秘書在五本簽證申請表（公文）上親筆簽了名和寫了泰國國會議員的大名，這不構成「偽造公文書罪」嗎？外交部根本睜眼說瞎話，應依法接受監察院調查原委，我願意作證。

常言道：君子取財有道。一般來言，外交官外放六年回國，美金存款不少，有人買房，有人理財，各有發財門道，大可不必像鍾秘書般賺這種Dirty錢。不僅給自己和家人丟臉，也給外交部獻醜。

如今回想我在泰處服務五年餘，在簽證業務上除了本案留給我「美中不足」之遺憾外，雖不能算是百分之百「完美」，但至少對得起自己的良心。誠心希望不要再發生類此事件。

無獨有偶。二〇一四年四月前駐越南代表處蕭姓外交官似步入鍾秘書後塵，與當地仲介商勾結，辦理簽證收賄，檢調還在其住家搜出二十個LV名牌包。我完全無法理解，這個問題的癥結在哪裡，是外交官個人的清廉？還是外交部的監督不周？有待進一步釐清。

前後泰國、越南代表處都出事，外交部事後「亡羊補牢」，林部長說「日後要加強監督外館辦理簽證和文件驗證等」一些「外交辭令」，陳年老調重彈。出了事，這些話說了等於白說，沒有實際作用，僅一時做秀給國人看而已。

鍾秘書與蕭秘書二人的貪婪事件給我們年輕外交官的教訓至少有：第一，要懂得清廉自愛（不要貪污）；第二，要注意請託案件（嚴格查核）；第三，要知道保護自己（留下證據）。坦白說，鍾秘書案如果我沒留證據，我可能就去坐牢了。

不肖外交官又貪瀆又傳播「AIDS」給國人，茲事體大，但問題是，外交部不作嚴厲懲處，只會因襲「家醜不外揚」，更無徹底改善之具體作為，今後也免談會有什麼新作為，只會繼續堅守「大事化小、小事化無」。

我敢大膽預測，此種醜事日後還會持續重演。

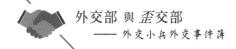

三　打高爾夫吃魚翅搞外交

走下坡時看到
爬上坡時沒見到的
那花

——韓・高銀《那花》

中（臺）韓斷交，對我們國家來說是一件莫大不幸，但對我和太太及女兒一家三口而言，是脫離「壞長官」與「惡環境」的好機會，改派泰國未嘗不是嘗試一個新環境，磨練與挑戰的機會，心中油然激起另一種興奮與希望。

來泰國之前，外交部不少同事告訴我，泰國挺好的，除了交通混亂、阻塞及空氣污染問題之外，打高爾夫與吃魚翅都很便宜，還有好吃的水果之王榴槤及廉價泰式按摩等。當時聽了這些「甜言蜜語」，讓我有點「飄飄欲仙」的感覺。

據我所知，也許就是這些「優良條件」，各國外交官都喜歡泰國，甚至退休後願意留在泰國享受餘生。說坦白一點，我也承認泰國是一個非常有魅力、誘惑的國家，只是每年四月起天氣比臺灣熱一些，下雨多一點。

駐泰國代表處屬於外館裡的一個大館，政府各單位派駐的人也很多，光是外交部派來的人就有十人左右。我分派至簽證組負責外國人和泰勞來臺簽證，業務量滿大的，一天至少兩、三百個簽證以上，有時還會超過五、六百至一千不等。

劉瑛代表非常體恤簽證組秘書和雇員的加班辛苦，有時會特別買來麥當勞或肯德基的食品與飲料慰問，令部屬內心充滿溫暖與感激。有位好館長，大家樂意加班至晚上十一時或十二時也沒有一句不滿或怨言。

簽證量多是一回事，最怕出事。聽說，在泰國可以買到全世界各國的偽造護照。尤其有些泰國人持假護照申請簽證，為了來臺從事非法工作或賣春，因此，需要格外細心檢查各項資料，還要達到一定工作效率，絕對是一項挑戰與壓力。

我要求我自己每天上班比其他同事要早，下班比其他同事要晚，以便順利完成我的簽證任務。我的努力沒有白費，不僅獲得長官賞識，並且工作心情也愉快。同樣是外交部的駐外館處，若與我之前服務的駐釜山領事館比較，誇張一點形容如「天堂」與「地獄」之別。

話說簽證工作吃重，但是也享有「特權」。例如，幾乎每天都有泰國政要或臺商向你關說或請託，因此，必須要好好應對與處理，否則會得罪人或發錯簽證。有句俗話不是說「身在公門好修行」嗎？

尤其對於館內長官之指示或同事之拜託，我的處理原則是不拒絕，還要火速辦理，辦完並親自送到。因為長官和同仁每天在一個屋簷下面對面，萬一得罪了同仁，你就會被孤立，說不定還會「吃不完兜着走」。何苦呢？

先看「風水」再辦簽證。

記得一位大陸人士拜訪辦公室長官，給他們看風水。後來有位姓趙的副代表房間放了一盆水，據悉是這位風水師的指點。當時這位人士持中南美洲某國護照申辦來臺簽證，應依規定要事先請示外交部，惟我奉長官指示，「違規」核發。後來才得知這位大陸人士居然在臺灣「騙財騙色」，上了媒體新聞，最後成為臺灣不歡迎的「黑名單」人士。

有一次則是秉持「人道主義」原則辦理簽證。

前東吳大學校長蔣孝慈病危期間，我依外交部電報指示，辦理一位大陸「特異功能」人士持緬甸護照來臺簽證。蔣校長雖經此人治療一段時間，還是無法恢復。後來聽說，此人耍賴，一直非法居留臺灣，不肯回緬甸，讓境管局十分「頭疼」。

與我同一辦公室的吳姓同事做法值得議論。

有一次長官親自送來幾本泰國護照，請他協助簽證。這位同事不僅沒立即處理，還問我要不要發電報向外交部請示。我勸他不必發電報，客人正在長官辦公室喝茶等候，趕快辦好親自送給長官。但他不聽我的勸告一直擱置，結果被這位等候不耐煩的長官訓斥一頓。

我敢直說，這位吳姓同事至少犯了兩項錯誤：

第一，他沒有給長官面子。長官的客人或朋友在辦公室等待取走已辦妥簽證之護照。這時，應該暫時擺開其他簽證業務，優先處理長官交付之事。

第二，簽證業務要膽大心細。如果每件簽證案都要拍發電報向外交部請示，那工作太輕鬆了，每件事都不必自己負責。並且，這樣一來，一天能處理的簽證數量肯定有限。據聞，這位吳姓同事在外交部的升遷受到一定影響。

另外一位Y姓同事負責文件證明業務，「處事待人」可有一套，必須介紹一下。臺商等來辦公室請託，他從來不會拒絕，只會說儘量協助，不管事情辦成或辦不成，至少讓臺商聽了很爽。Y姓同事就是擅長拍發電報向外交部請示，外交部說可以，他就積極協助，獲得不少臺商肯定。

當他調離泰處時，他送每位同事一袋約一公斤麵粉，很多同事覺得很奇怪，哪來這麼多麵粉？後來他的緬甸籍家傭改換至另一位同仁家工作，才向這位同事「洩密」稱，Y姓同事家裡不僅有麵粉，還有很多臺商送給兩名女兒吃的糖果和餅干等。法律上，這不屬於「受賄」範疇，絕對可以平安無事。

後來我研究他為什麼會有這麼多麵粉和糖果的原因：就是遇到臺商等人請託事情時，堅持「Never say no」的原則。這不是每位外交官都能模仿的「功夫」，尤其，我的個性也不容許這麼做。後來我給他取個「Nick Name」是「Mr. 麵粉」。這也許是他在外交部升官的秘訣。

恕我說坦白話，泰國的臺商都很「可愛」，與代表處關係也「親密」。各地區聯誼會組織健全，也具一定經濟實力。他們有定期聚餐或高爾夫比賽，都會主動邀請處裡長官或同事參加，很容易打成一片。其間，我也結交不少臺商朋友，也因這個緣份，初次進入高爾夫世界。

或許這種環境造成H姓副代表特別鍾愛打高爾夫和吃魚翅。有一次處務會議中被許代表公開「修理」，指出用交際費請客，不一定要每次都請吃魚翅，可以換一換吃海鮮自助餐，又便宜又好吃。在那麼多同事面前被直屬長官「刮鬍子」，當然不是「光榮」的事，但他「若無其事」，一點都不在乎。

我的臉皮沒那麼厚。如果我愛吃魚翅或打高爾夫，我就不會用公家的交際費，寧願花自己的薪水，不報交際費，許代表就不會知道，也不會公開被修理，讓辦公室同事嘲諷。據我了解，有些外交官的確在這方面做得不「乾淨俐落」，好像花公家錢「肚子不痛」，花自己錢就捨不得「拔一根毛」。

其實，我的了解，這位副代表真正得罪許代表的原因是在工作表現上。因為許代表經常到外面拜訪泰國政要，幾乎接近下班時間才返回辦公室批示公文，倘有疑問時，親自手持公文就直接去找副代表，結果發現這位副代表辦公室門緊閉，我眼見許代表不只一次「火冒三丈」。一般來說，在公務體系，長官不會喜歡自行先「下班」的部屬。

有一天，我好意告訴H副代表此事，未料他的反應卻是「外交部規定上午八點上班，下午五點下班」，這是他的權利，不願意改變，仍舊我行我素，讓我一番「好心沒好報」，就Let it be吧！

此人中文更不敢領教。有一次，他自己手寫一封電報要發至外交部。一張A4紙大的電報稿內，他居然寫了五個「一旦」。送去電務室拍發之前，我拿着唸了好幾遍，覺得一篇電報裡出現五個「一旦」，應該不是「品質優良」公文。

據悉，由於H副代表喜歡打高爾夫和吃魚翅，退休後選擇在泰國定居。據聞，續絃的對象原先是他的緬籍佣人，曾在為她換取中華民國護照時跟外交部也有過一段「折騰」故事。「第二春」太太又年輕又漂亮，服侍H副代表穿鞋、解帶等，無微不至，傳為外交部佳話，令人羨慕。

工作經驗告訴我，外交官要有兩個「業」不可或缺：一是「專業」；二是「敬業」。像H副代表的類型屬於「不敬業」，把打高爾夫和吃魚翅擺在「優先」。我在泰國工作五年餘，雖沒有盡情享受高爾夫與魚翅，但在外交工作上也留下不少重要事蹟和美好回憶。

四　賺「美金」玩股票

We Asians have to put our hope in our forefathers' wisdom, virtue, and righteousness
to re-blossom in this new century, while heading toward the unknown beyond the horizon.

—— Hwang, Kyu-ho《Asian Dream》

大家可能都聽過外交「才子」一詞，恐怕鮮有人聽說還有外交「財子」。當外交官跟一般公務員不同，都有機會外放（駐外），領取的薪資是美金不是臺幣，並且高出國內薪資的數倍，因此，駐外一次六年是一個存錢的好時機。

不可否認，上自大使或代表，下至初次駐外的三秘，各自都有一套賺錢的方法。我在駐泰國代表處服務時，就遇到這些外交「財」子。有位C姓組長每天在辦公室玩股票，應稱得上是典型的外交「財」子。

有幾次他對我特別好，吃飯、唱卡拉O.K.都是他請客，然後有一天他開口向我借錢。因為我知道他搞股票，所以我就沒借給他。我認為，你有錢才玩股票，沒錢就算了，何必還要借同事的錢搞，我完全無法認同這種人。

提起此人不能不提一件「趣事」。他應該屬於標準的「PTT」（怕太太）俱樂部會員。他太太幾乎每天打電話至辦公室，不知是「查勤」還是其他目的。但我有時去他辦公室發現他卻與「女朋友」電話裡有說有笑。於是我個人得到一個初級結論：太太管得越嚴，先生「出軌」的機率相對越大。

我的做法可以說跟C姓組長全然不一樣。

第一，我的「家教」很嚴。我告訴內人，除非家裡有小偷或遇到火災等意外，才可以打電話至辦公室。第二，電話絕對不給在卡拉O.K.等娛樂場所認識的小姐。因為辦公室電話不是用來「談情說愛」的。第三、我不玩股票，所以我不會跟同仁伸手借錢。

金錢誘惑無孔不入，侵襲辦公室。記得曼谷有一家投資顧問公司向同仁招手，也給過我一張名片，以存款利息比銀行多出好幾倍來引誘。據我所知有幾位同事投資此公司，甚至有人把臺北房屋抵押的錢拿到曼谷投資，賺取利息差額。結果亞洲金融風暴一吹，把這些人吹垮了。聽說，部分人連一分本錢都拿不回。

我一向不搞也不懂「錢玩錢」遊戲。自己覺得，一來我不是生意人，我沒發財的運。二來我對這方面沒興趣，錢放在銀行雖利息少，但最安全。三來我沒時間為錢傷腦筋，喜悲交叉，每日不得安寧。內人常罵我：「你這人連數鈔票都不會，也從不關心家裡的收支，只會花錢。」真是「受之無愧」。

我不僅在駐泰國代表處看過像C姓組長般的同事，在駐韓代表處也親身目睹過這種人。有位H姓組長，後來高升至駐蒙古代表處。我發現他拜託辦公室曲姓會計小姐協助存款、投資事宜。人在蒙古，錢放韓國。外交官美金真好賺，手頭也寬裕，投資股票等好像很方便。

有位駐韓代表處經濟組Y姓組長「取財」可真厲害。他幾年前退休後每月按時照領優渥退休金，還不滿足，跑到過去因業務關係認識的國內經貿團體如「中華民國國際經濟合作協會」（原在中華民國工商協進會架構內）等，每月以顧問費或交通費名義領取一萬元。

說坦白話，我不喜歡這種人。此人在駐韓代表處工作時，每次開會，明明與他主管業務無關，卻要插嘴奉承、阿諛長官，百分之百屬於「見人說人話，見鬼說鬼話」類型，他知道這些民間經貿組織每年有一兩千萬元政府（經濟部、外交部）之補助。他認為，他拿這點小錢「不吃白不吃」。

照以往前例，臺灣外交官的薪資是透過兆豐銀行紐約分行發放，外交官每人有一本兆豐銀行紐約分行印製的美金支票，要用錢就開立支票兌換。我離開外交部後還一直使用該支票，存一年的利息也沒多少，後來只好轉存至國內銀行。

我不知道是不是因為外交官都持有一本兆豐銀行紐約分行存摺和支票，所以，容易造成臺灣外交官退休後，選擇在美國買房子享受餘生。據說，他們這批人在美國還有一個小組織，定期聚一聚，談天說地，或打個小白球。

我讀高中時，林語堂博士出席首爾世界筆會召開之大會，一生第一次也是最後一次聽過他一次簡短五分鐘的演講，印象深刻。他說他居住美國多年，但從未在美國置產。當時聽了這位年邁老人這番「愛國」的談話，內心非常感動。

我一直覺得，美國雖是一個「大國」，各國人民都嚮往，但畢竟不是我的「祖國」，不必去崇拜「大國」。不幸，臺灣外交官沒信心，只擔憂萬一兩岸發生戰爭，美國最安全。甚至，部分退休旅居美國人士腦筋裡每天歌頌的是：美國的月亮比臺灣大，美國人的「大便」特別香。真是令人不齒！

如果我的猜測沒錯的話，全世界各國退休外交官中，居住美國人數「名列前茅」的人應屬咱們中華民國。我在駐釜山領事館服務時，登山認識了一位李姓韓國退休外交官。他跟我說，他退休後可以選擇留在美國，但他的祖父母和父母的墳墓都在韓國，將來他死後也要埋葬在這塊土地上，讓我肅然起敬。

「錢事」不僅傷同事間之「感情」，也會「喪命」，不得不慎重其事。過去，外交部同事間曾流行搞「標會」。會主去找十幾個同事湊在一起，每月出個小錢，需要用錢時，再去標會領個整數「聚少成多」，不無小補。但有一年，聽說一位會主在外交部自殺，大概是「資金周轉不靈」。後來外交部高層嚴禁「標會」。鈔票分明是人印製出來的，但人卻被錢「掐死」。

外交官的弊案、醜聞如「前駐越外交官涉貪遭搜索」；「……監察院在中秋假期前夕，一口氣通過糾正外交部北美司購酒發票不實報銷……駐外館處預算編列錯誤頻生等，指斥外交部『狀況外』、『審核機制失能』，要求改進」等，以上沒有一項不與金錢有關。

前駐韓國代表李宗儒大概事先對我有進一步調查和瞭解，分配我的工作時說：「據悉，你對錢很乾淨，所以請你負責業務（總務）組工作。」因為，我是學政治的，除對韓國政治有濃厚興趣，並且韓國也有些人脈與朋友，原先想去做政務組業務，但沒來得及向他報告，他已做出決定。

話說回來，做為一名部屬，我沒有拒絕上司的權利，只能接受。還好我過去做過簽證和政務，沒做過業務，心想可利用此次機會好好磨練自己。今天雖已事過境遷，但我敢向李宗儒代表提出良心告白：你看人看對了！其間，我不否認，因為我的嚴謹工作態度，自然也得罪了部分來自國內或當地同事。

問題是，另外一位繼任者心態就不正，一直要找前任者的碴。要我寫報告「吐出」賣房、賣車事，要我「咬」前任代表之不是。我嚴正回告這位「疑神疑鬼」人士：「全依外交部電報或公文指示辦理，若有疑問，可直接向外交部查詢，李前代表、郭副代表及我絕對沒有做出任何對不起外交部和國家的事。」

此人認為我不聽他的話，就利用我與國安局派駐人員不和等理由，以「借用第三者」名義方式把我自韓調離。其實，我知道，他真正怕的是，我對他了解太多，搜集他的「惡行」資料，有一天會對外公開。

他玩這一招算是「累犯」。此人不僅利用部屬卜某對外交部之不滿，把卜某寫給他的一封信和資料全送到監察院。拖他人下水，自己卻躲起來，裝着好像若無其事，隔岸觀火。

在臺灣法院也來這一招，他說他不介意網站有人批評他，是因韓方警察調查後，問他如何處理是好，表演成他是「第三者」，是韓國警方要主動控告。簡直「殺人不眨眼」，罪該萬死。現在，我想告訴這位人士一件事實。我依據外交部指示，親自赴釜山處理領事官舍出售事，韓國房屋仲介公司人員跟我說：「回扣算多少？」還告訴我，買這棟公寓時已有人拿過「回扣」，暗示我「你不拿白不拿」！當時若我有拿一毛錢，我誓言「切腹自殺」。

對於外交官的腐敗，中國先賢早先就警告過我們。曾子說過：「寧可正而不足，不可斜而有餘。」取財要有道，可惜這些外交官只為貪婪，投機取巧，不走正路，偏取邪徑，最後終將「自食苦果」。

劉向撰《說苑》一書，更提出人臣之行有六正和六邪：「行六正則榮，行六邪則辱。六正一指能洞燭機先，二指發揚善道，三指盡心不懈，四指運籌救弊，五指奉公守法，六指敢犯顏批評人主過失；六邪則一指貪圖官祿而不務公事，二指阿諛人主，三指外謹內詐，四指文過飾非，五指當權擅世，結黨營私，六指諂主以佞邪。」

上述先賢字字句句都在告訴我們，臺灣這類外交「財子」的行為不可取。正如前立委李顯榮指出般，這些「外交蛀蟲」多了，不僅無法推展外交工作，並且國庫的財政會越來越枯竭。

五　外交官「你餓了」嗎？

事實上，中國傳統社會的家教，
一直是做母親的責任。
因此，當人們認為一個孩子「缺少家教」時，
便會罵他是「沒娘養的」或「沒娘教的」，
決不會罵到他父親頭上。

——易中天《中國的男人和女人》

派駐泰國代表處的外交官人數不少。國內派駐單位就有外交部、教育部、國防部、新聞局（已併入外交部）、調查局、境管局（現稱移民署）及情治機構等，除外交部人員最多外，每單位至少也有一至三人，組織一個和諧大家庭，並非是容易事。

因此，依一般慣例，這些人雖不是外交部人員，但對外都是「外交官」身份，所以，代表或副代表一向對「自己人」要求較嚴格，對其他單位派駐人員則比較「客氣」一點。這可能也是為了防止「各玩各的」，表現「團結是力量」原故。

外交部人員掌管秘書組（政務）、簽證組（領務）及總務組（行政）。秘書組負責政治事務，

屬於代表處的「樞紐」。簽證組負責外籍人士和泰勞來臺簽證收件、審核及簽發，業務量頗多。總務組屬於大總管，負責會計、出納及雜務等。

我有幸先後在簽證、秘書及總務三組服務，看到「百人百態」人生戲，也獲得很多「寶貴」經驗，可以講述給大家慢慢「細嚼」，一探外交官的食衣住行，可謂「五味雜陳」。

首先登場的是一位女同事。

這位女同事將每月所領幾百美元交際費當作自己生活費，實在令人側目。她每日自製的午餐便當，菜色簡單又寒酸，李大姊、蘇大姊、何大姊等其他同事看了一直搖頭，一個外交官的生活何必如此「虧待自己」。

因為，其他同事經常看到代表處裡有公費聚餐或遇有臺商請客時，這位同事飯量突然大增，好像一條老虎餓了好幾天沒吃飯，與平時的便當質量無法比較。所以大家公認這位女性外交官「吃相很難看」。

此人不僅吃節省，穿也簡樸。說實話，身為外交官有時還要在穿著上「投資」，以免讓其他同事譏笑或僑界說東說西。有一次泰國華人男朋友約她去參加音樂會，並特別囑咐她衣服要穿得「得體」一點，她才捨得買了一套新的洋裝。

問題是，事後，她拿了收據當作交際費申報，名目是說贈送一位李姓女僑領。有一天上班，秘書組陳組長不知如何裁決是好，就直接問我：「要不要批准？」我沒思索立即回說：「她既然敢報，何必為難她，就批准算了。」陳組長也就接受我的建議。

一般來說，交際費買女洋裝送僑領，是不太合乎常理的。因為，這不是買嬰兒或小孩衣服。買成人衣服至少要知道對方三圍、身高及喜歡的款式、顏色等，不是一件容易、簡單可以處理的事。

剛好我認識李姓女僑領的女兒，曾在某家航空公司上班，婚後在曼谷市中心經營一家攝影沙龍。有一天與她聊天中，我不經意地提起洋裝事，她斬釘截鐵地說：「我母親絕對沒有收過這份禮物。」我當然相信這位僑領女兒的話。

尤其，據說這位女性外交官畢業於北一女、臺大，照理講，應屬於外交部「高材生」的群體。但不幸，她的工作表現剛剛相反。

有一次，她依據泰國英文報紙寫了一份要傳至外交部的電報略稱：「泰國外長在聯合國演講支持我國加入聯合國。」讓在同一間辦公室的陳組長和我懷疑其真實性，泰國外長怎會公開支持我加入聯合國？後來，陳組長親自核閱該英文報內容，發現根本沒有這回事。有句臺灣話「秀逗」，應該這個時候表達的話最恰當不過吧。

「情人眼中出西施」。後來「Old maid」嫁給一位一直「送花」至辦公室追她的這位男朋友，算是「老來福」。或許因為兩人結婚時年齡已不「年輕」，所以至今沒有「愛的結晶」，退休後兩人居住臺北，上街「手牽手」形影不離，享受餘生，得到周遭朋友們的羨慕與祝福。

回想過去，這位泰籍華人經常帶著鮮花到代表處呆呆站在大門口外，被我發現，我立即開門請他進來，同時鼓勵他「勇敢」地親自送給女朋友。一次再一次的獻花舉動，不僅讓辦公室上下全都知道了，也逐漸拉近了他們二人的戀情直到結婚。我還參加了他們在泰國舉行的婚禮。

說到外交官與外國人結婚，以往外交部對這方面的要求比較嚴格，但現在好像放寬許多。放眼周遭，外交部裡不僅與外國人結婚頻繁，還有與大陸配偶結婚的同事。

這可能是時代進步了，兩岸之間交流也多了。愛本來就沒有國界。所幸，迄今外交部還沒發生過什麼外籍或大陸配偶的「間諜事件」，否則，處理機密文件等安全顧忌就不得不考慮。

外交官的婚姻生活，常常因調動國外或子女教育問題，夫妻或子女相隔兩地，甚至三地，成為「離散家族」。不僅金錢、精神損失，連健康也賠進去。

我看到一位長官調返外交部工作，太太陪小孩留在國外。時間沒過多久，有一天我在外交部附近公園路上目睹這位長官與一位小姐手牽手親密模樣，心想，他的太太和子女不是還在國外嗎？後來又聽說，這位長官與原配離婚收場。外交部似乎對這方面採取比較「open」的態度。

就我個人的實際經驗來說，家庭能夠一直維持「團聚」算是非常幸運。獨生女跟隨我從臺北到首爾和曼谷，受了「三國」教育，不僅女兒一個人「受罪」，也連累了我和內人。在泰國就讀一所美國系列國際學校，女兒英文跟不上，只好請家教補習，投入不少精神與金錢。讀者可能沒聽說過爸爸和女兒「爭奪太太和媽媽」的故事吧。女兒高中畢業要赴美國讀大學，她要媽媽陪伴一起去，我極力反對，堅持要她一個人去。那天，我們夫妻二人至桃園機場送女兒，看到女兒通過查驗櫃檯背影後，我的淚水不知不覺地掉下來。至今回憶此景，只有「對不起」女兒，當時我為何如此「冷漠」、「自私」呢？

外交官沒有子女連累也是福？外交部上上下下都知道C外交官的婚姻故事很「奇特」。他跟同一位太太結了三次婚，也離了三次，把婚姻當「兒戲」，結果二人至今沒有子女。常聽到不少人說：「現代社會，養兒育女不能防老。」在在說明傳統家庭觀念急遽變化。

近年來，我看到不少駐外大使或代表一人赴任，太太不在身邊，根本無法從事「夫人外交」，偶而在一年一度的國慶酒會才現身。這也是一大漏洞，外交部對此也只能玩「睜眼閉眼」遊戲，無法嚴格要求「夫婦同居」。

我在駐韓代表處服務時，就碰到一位長官，太太在美國工作，二人長期「分居」，一個月近兩萬美金進口袋，不賺白不賺。男人每天三餐都在外面吃，全報公帳，一人過光棍日子，或許可以理解，但在公開場合，穿的西裝上衣「脫線」，就沒「體面」了。或許這就是「老婆」在身旁或不在身邊之差別。

另外一位長官應邀參加韓國《Myself》月刊雜誌社舉辦的酒會，有位韓國羅姓教授稱呼我是「大使」，我慌忙向他解釋：「我不是大使，站在那一邊的人才是大使。」這位我第一次見到的陌生人看了一下那邊，居然回話說：「他不像大使。」原來，那天我的長官上衣穿的是休閒西裝。由此可見韓國人即便是「內衣破洞」，仍然非常重視外表衣著。

提起穿著方面，臺灣外交官節省，除了國慶酒會穿著稍微講究一點外，平時就不太注重。惟首任駐韓林代表最「入境問俗」。聽代表處雇員告訴我，林代表習慣找西裝店裁縫師至代表處量身訂製西裝。林代表深知韓國人要體面、重視外表，據說，他的親家就是韓國人，說不定受了此項因素影響。

前一陣子國內新聞曾報導，有位外交部次長婚姻亮起紅燈事，我一點都不覺奇怪。因為，外交部「先生或太太在臺灣工作，太太或先生駐外」的情況越來越頻繁，確實影響外交官的正常生活起居，但無法強制管理「私生活」。

據了解，外交官夫婦當中，男方或女方是醫師，有一方捨不得放棄高薪或工作機會，這種情況就要分居，如果有子女很可能變成一家人三地生活，這有點像南北韓離散家屬般的「悲劇」。

總而言之，外交官一定要隨時注意平時自己的衣、食、住、行，時時刻刻要知道四周的人都在「偷窺」你的一舉一動，或許國人可以期待有一天，希望外交官在飲食和穿著方面不要再演出這種醜陋面貌。

六 兩封信的真實內幕

你可以騙一個人一時，
但你不可能騙很多人永久。
——《林肯語錄》

有位資深外交部長官曾說，他每年收到聖誕卡時，先查看有沒有寄信人簽字或附帶幾句問候語，即可判斷此人有沒有「誠意」。所以他若發現沒簽字或幾句問暖寒暄，馬上就丟進垃圾桶。我非常同意他的做法。

但下面這兩封卜某手寫的卡片信，已經有近二十個年頭，我迄今沒有丟棄，一直保留的主要原因，不是因為簽字或問候語問題，而是我要當成重要「證據」，有機會出書時，將此人的「假面具」一一脫掉。

首先，容我介紹一下第一封卡片信中的內容：

順達秘座吾兄勛鑒：

弟陪同鄭司長赴曼谷公差返國已逾旬日，期間為處理手頭鎖事，着實忙了一陣子。迄至今日，有關業務總算告一段落。

回憶在泰期間，雖然肩負重任而時間緊湊，但承蒙許代表安排暨吾兄多方打點及細心照料，使本次行程頗為圓滿，並令人愉快及難忘。

尤其鄭司長對於吾兄破費特多，一再表示過意不去，曾多次詢問弟這樣是不是太失禮，囑弟馳函致謝。尤其嫂夫人一大早親自選購之榴槤糕一箱，已分送司裡同仁分享，大家一邊品嘗，一邊談論泰國民俗風情，對吾兄贈糕美意，咸表感謝之意。謹藉寸情聊表敬謝。並祝

春祺

並請代向許代表及黃秘書問安

弟卜００敬上

三月十八日

其次，第二封卡片信裡內容如下：

順達吾兄勛鑒：

正準備寄出賀年卡之際，先收到吾兄卡片，並附有大作剪報乙份，甚感。大作文筆流暢，情文並茂，讀後印象深刻，足見吾兄公忙之餘，仍不忘好學敏求，常發表一些文章筆記，對於

同好及讀者心靈之溝通極有裨益。

本年二月弟出差貴埠，接受吾兄熱忱招待，至今猶難以忘懷，甚盼有回請吾兄小酌二杯之機會。年關將至，新的一年，敬祈

萬事如意

事業成功

弟卜00敬上

十二月十二日

從以上卜某親筆寫給我的兩封信來分析，無論是鄭司長或他，對我的熱心接待，顯然沒有任何「不滿意」。先核對以下幾個事實，再對此人作出比較客觀評價：

第一，他陪鄭司長公差泰國，不是從事私人旅遊（與北韓官員密商公事）。

第二，他好像在曼谷留下愉快與難忘時刻（卡拉O.K.的美酒與泰國美眉）。

第三，他感謝我的熱忱招待。尤其是我內人買的一箱泰國榴槤糕。

第四，他希望有機會回請我小酌二杯。

第五，榴槤糕分給亞太司同仁分享。照信中所講，確定是我贈送無誤。

憑良心說，他的這兩封信信紙會隨時光流失變黃，但真實永遠是真實，不會因事過境遷就

會變質。今天我終於逮到機會，將此人的謊言一一攤在正大光明的陽光下，受眾人評議。

他在外交部亞太司一科負責南北韓業務時，陪同鄭司長來泰國與北韓相關人員密談，當時因我承辦該項業務，自始至尾接待他們二位。我的原則是：公事第一。與北韓官員在北韓大使館內會晤與開會優先。吃喝第二。公餘儘量讓來訪客人高興與滿意。我一向不在乎自己口袋會不會「破費」。

鄭司長、卜某與北韓密談結束後，有一晚，我用我的會員卡請他們去一家有泰國小姐陪伴的曼谷高級卡拉O.K.喝酒、唱歌。公事結束之後輕鬆一下，又唱又跳，十分愉快。這是我一向對來泰國之國內長官、同事或私人朋友的「誠意」，除非有人不接受。

一件小事，可觀察卜某的心機。我在卡拉O.K.房間，抱著一張沙發椅子跳舞，被這個卜某「傢伙」拿傻瓜照相機拼命拍攝，我當時沒有在乎，也沒認真對待此事。後來，聽亞太司同仁告訴我，此人拿了我的「醜陋」照片給同事們欣賞。能給同事看，為什麼不送我一張作紀念？充分證明此人絕對不懷好意。

更可恨的是，一箱榴槤糕明明是因我陪同他們走不開，只好緊急電話拜託我內人一大早去採買後，請他們帶回臺北分贈同仁們吃的。據說，他分給亞太司同仁吃的時候卻說是他買的，與卜某在信中說的話完全相反，簡直沒有良心。

第一次看到鄭司長唱歌水準超級，尤其一首〈榕樹下〉，確實不輸原唱歌手余天的味道，讓我大開眼界。數小時喝、唱、跳歡樂瞬間過去，我送他們回飯店休息後，拖着疲憊身軀回家，順利完成一天的「任務」。

第二天早上我去飯店與他們會合，看到鄭司長正在餐廳用早餐，碰見一位泰國小姐在旁，我的這雙「捉毒犯的眼睛」，當然直覺是昨晚卡拉O.K.小姐。卜某也在現場。至於昨晚鄭司長與泰國小姐兩人幹了什麼事？最好留給大家去猜，我只能點到這裡為止。

當時外交部決定提供北韓兩百萬美元援助，分為一百萬元現金支票，另一百萬元等值稻米。據悉，稻米裝船後由卜某親自隨同去北韓一趟「監交」。卜某雖瀟灑走了一回北韓，但留給外交部不少後遺症。

援助北韓一事也有個小故事。當時主管李科長極力反對，但卜某一直主張支援，理由是我國在北韓設立臺灣貿易辦事處。我個人認為，卜某為滿足其私人欲望成份居多，為國家考慮的部分極少。

真可惜，臺灣錢太多沒地方花了，外交部把臺灣人民血汗錢全都丟進太平洋了。我說這個話不是「胡扯」，因為至今，國人沒看到北韓准許臺北在平壤設立任何貿易代表處或辦事處。

對我個人而言，人生旅途上遇到此種「小人」，不能不說是一場「惡夢」。此人曾經先後害過我兩次：一次是，我在韓國《朝鮮日報》投稿事。另一次是，他擔任李前代表的證人事。迄今讓我無法釋懷。

還好，與卜某完全不同的「正派」外交官也不少。有一次外交部領事事務局一位副局長來泰國開會，會後安排了一場高爾夫球敘。因為這位副局長沒有帶球具，所以我就把我的一套新球具借給他打。不料，打完球，他開口說球具不錯。我就順水推舟，提議將球具贈送給他，他沒有接受。

我在駐韓代表處還遇到「清廉」外交官。外交部研設會楊黃主委一行來韓督察業務，我一直陪同他們。中午、晚上都在外吃便餐，我就先付了錢，畢竟他們語言不通，與韓國餐廳主人算錢也不方便。督察業務結束，離韓前他們塞給我一個信封，裡面把餐費算得一清二楚退還給我。

在外交部外講所碰到的這位林姓同事更把我捧上天：「本人在領務局三組服務時，同仁間每提及秘座，均給予極佳之風評；來所後，不僅得悉秘座學養專長，且係國內難得之韓文人才。另秘座時與同仁或舊識酬酢，聽聞知下多係秘座做東，且有一次馬小姐與本人在小店用餐，秘座代為付賬，且不披露，更可見慷慨大方之一面（此恩絕不會忘）！故本人認定秘座是一位心

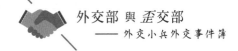

胸開闊、處事大度、有為有守、不會與人計較值得敬重之同仁長輩。」

很奇怪，至今，除了他陪鄭司長赴泰洽公招待過他們之外，我跟卜某沒吃過一頓飯，也沒有和他喝過一杯酒。我們兩人也從未打過架或有過什麼節，於公於私，更未發生過任何不愉快的衝突。但不知什麼原因，他一直戴著好幾套「假面具」對付我。

今天，他逼我不得不公開這兩封信，讓認識他的人或不認識他的人再一次看到此人的真面目。據聞，他是一位虔誠的基督教徒。因此，答案就留給耶穌來作裁判了。

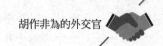

Story Three
可恥可惡的外交官

說大話的「神經病」

我們不能隨意評價他人之幸福與價值觀，
不在乎別人評價與同情自己主觀，
才有滿足和感謝，進而產生幸福感。
——韓・金蘭道《被搖一千次才能成為大人》

現在臺灣許多年輕人「哈韓」，韓語補習班林立，會說韓語的人也越來越多。但以一九七〇年代來說，能說韓語的人屬於「稀有動物」，說實話，我的「運氣」就是趁這「時機」從天上掉下來。二十幾歲讀碩士班開始，就靠我的韓語專長，可以說吃遍、走遍了整個臺灣。

我擔任中韓語傳譯，經常有機會陪同外賓搭乘軍機去金門。每次去金門，不怕內人反對，準備兩萬元購買高粱酒和陶瓷帶回臺北。我騙接待「小兵」這是貴賓買的，請他們協助抬上飛機，享受不少「特權」。

其間，我也見過很多人，包括總統、五院院長及各部會首長等大人物，也親身經歷大大小小場合。我敢言，透過傳譯工作所得到的經驗與人脈遠比其他外交部鮮少「出門」的同仁「豐厚」，也是我的「無價之寶」，一生深感榮幸。

「花無百日紅」。第三次外放，也是十六年外交生涯中的最後一次駐外，卻遇到從國民黨黨棍投奔民進黨的一位「機會主義者」，騙了阿扁搶到「駐韓代表」一職，「胡作非為」三年後黯然下臺。至今，外交部無論是現職或退休人員對此人閒言閒語、指指點點頗多微詞。

首先，簡單敘述一下我認識這位李某的幾段「緣份」。一九六〇年代末，我在漢城華僑高中就讀時，面臨畢業後升大學問題，想找一位長輩請益，經家兄劉順福（曾任職外交部）的介紹，認識了當時在韓國任中央社駐韓特派員的李某。兩人「一大一小」初次見面，好像沒談上幾句話就分手了。

一九九一年某一天，李某在臺北舉行「中韓文化基金會」（記不清正確名稱）成立大會，邀請前東海大學校長梅可望出任理事長（或會長），李某則擔任秘書長，並邀我出任副秘書長，當時因我已接獲外交部奉派至中華民國駐釜山領事館擔任副領事一職之人事命令，所以未能接受李某之這項「美意」。

第三段也是最後一次緣份是，我自二〇〇一年七月二十四日至二〇〇四年四月十七日間在駐韓代表處服務，李某則於二〇〇三年五月二十六日出任駐韓代表，兩人共事約一年一個多月時間，他是我的上司，我是他的部屬。其間，兩人從未有過任何「工作上之嫌隙」。這是李某在法務部調查局駐韓秘書莊國虎依臺北地檢署「指示」所作筆錄中李某親口講述的話，白紙黑字很清楚。

其實，若深一點說，我也認識李某太太劉女士。劉女士退休前服務於教育部，多次奉派至韓國與美國擔任文化參事（組長）。因我擔任歷屆教育部長之中韓語翻譯多年，自然有機會與劉女士寒暄或交談。可以說，他們一家四口中，只差未見過他們兩位女兒而已。

在人生浩浩大海中，雖是萍水相逢，但兩人間沒有芥蒂，也沒有利害關係，這個緣份總比在路上偶遇的陌生人珍貴。自從李某擔任駐韓代表之後，不知何原因，好像兩人此種往昔緣份如切割豆腐般斷絕。

李某出任駐韓代表的一段插曲，當時不僅外交部內部，並且媒體也多所議論。據二〇〇三年三月三十一日《聯合報》報導：「對於駐韓代表李宗儒請調一事有三種說法：（一）純粹是健康因素；（二）韓國政府拒絕民進黨秘書長張俊雄赴韓參加盧武鉉總統就職典禮；（三）李宗儒對體制外人士主導張秘書長密訪南韓，他被蒙在鼓裡，心灰意冷而請調。」當然這裡所指的「體制外人士」就是李某。

據我個人當時在現場觀察此事件，持平說，第一、第二個因素雖不能完全排除，但第三個說法最接近真實。李某時任總統府國策顧問，不僅「偷偷摸摸」頻繁來往韓國和蒙古，並且經常下條子給外交部，請外交部邀請韓國某某國會議員訪臺等，直接指揮外交部，在外交部與駐韓代表處同仁眼裡早已烙印為一名「頭痛」人物。

他似早有企圖「搶」這個位子，認為他比任何中華民國外交官都「韓國通」，成功「欺騙」阿扁，或說阿扁利用李某出任駐韓代表。因為，李某的背景是國民黨航運黨部書記長和《中華日報》副社長等，可以說是典型的國民黨「黨鞭」，投靠民進黨，當時確實也讓國民黨十分難堪。

李某與我的惡緣從網站出現批評李某的貼文開始。

我於二〇〇四年四月中旬自韓調返外交部，沒想到此時李某委任一位林姓韓國人向首爾地方警察廳控告各網站上貼文批評他的人叫「姓名不詳者」，但在韓國首爾地方警察廳所作偵訊筆錄中，這位韓國人證稱：「屢次聽到李某某說貼文嫌疑人是劉順達。」

據韓方資料，提告的案子共有五件，均分別由韓國警方和檢方中止、駁回及不起訴處分在案。儘管李某在臺灣法庭上否認在韓國警方曾有控告我的事實，但首爾地方警察廳偵訊筆錄中清楚寫著「劉順達」，絕對不能否認。證明李某說謊，「敢告卻不敢坦白」。

更荒謬的是，李某利用職權幾乎動員全辦公室同仁（包括當地雇員）撰寫各種「報告」，要強力證明網站上批評他的貼文都是我所作所為，然後向我檢方與法院一一提出做為證據。這種「濫權」做法，可能只有北韓金正恩才敢做出來。

有位姓郭的秘書（現駐外）手寫的一份呈給李某的報告酷像一篇報社副刊的「極短篇小說」：某天，在辦公室走廊遇到倪姓雇員低著頭，悶悶不樂，所以主動問他發生了什麼事？倪姓雇員回說：「被劉順達擺了一刀。」這也是李某提出的證據之一，真是把臺灣的檢察官和法官水平看低。

李某提交我檢方與法院的證據資料不計其數。甚至包括李某把我在《介壽路二號的燈光永不熄滅》一書中的一篇文章「是是非非」，拿給前駐釜山Y領事看，然後再將Y領事批評我的幾句話送到檢方和法院做為證據。簡直只能用「卑劣可恥」四個字來形容此人，這也充分證明李某平時愛講的「江湖」味道十足的話：「只有我可以幹掉任何人，別人無法幹掉我。」

不幸，李某的謊話，讓臺灣檢察官和法官也跟著他「昏頭轉向」。二〇〇七年十月四日李某以告訴人身份在臺灣高等法院刑事法庭向審判長法官劉X星面前謊稱：「我覺得非常遺憾，本案是韓國警察局查出來，是從倪聖傑電腦發出來的，我是代表，任何對我的批評我都不會介意，是因為韓方保護我國的外交人員，發生這事後，韓國警方找我，問我要如何處理，是因為警方查出後，主動提起公訴，被告是我的同事，是韓方警方及內部調查人員認為不可能是外人所為，我根據他們調查的事實，必須報告外交部，就我個人來講，我對同仁一視同仁，我處理內部情況，黃X華並沒有經我同意，提出對被告檢舉，有關代表處調查結果都是指向被告，另外被告四月調回臺北後，在五月份發了十幾篇到漢城，這經韓方刑事警察局及我們的刑事警察局查出是從臺北市復興南路二段發出，剛好被告也住在臺北市復興南路二段。」

多麼漂亮的謊言！「我是代表，任何對我的批評我都不會介意」、「發生這事後，韓國警方找我，問我要如何處理，是因為警方查出後，主動提起公訴」。這種謊話居然也能輕易騙過臺灣檢察官、法官。韓國警方什麼時候查出來的？韓國警方「服務」真好，還主動去問你如何處理？根本「牛頭不對馬嘴」，前後矛盾又沒邏輯！

事實上，李某說謊不打草稿。後來，他在臺灣高等法院民事庭又謊言推翻前面的謊話：「劉順達是外交官身分，所以韓國警察不能調查，係由我國司法單位調查出來是劉順達所為。」法律要講證據，檢察官、法官也應依法、依證據辦案。

可惜，臺灣人民每天批評司法不公、不義，甚至引火自焚、開車撞總統府。民進黨主席、總統候選人蔡英文也看不過去了，她主張要把司法還給人民，若她當選，期望她立即召開全國司法改革會議。直接打法務部長出身的馬英九總統一記耳光。

如今，事實證據全擺在眼前。內政部警政署刑事警察局、臺北市政府警察局刑事大隊及法務部調查局臺北市調處經調查後，先後一致證明「無具體犯罪事證」，足以證實臺灣高等法院刑事判決之錯誤。審判長法官劉X星的「心證」判決攤在陽光下變成「枉證」判決。此案必須拿出來要公開接受人民檢驗。

李某的醜聞說也說不完。例如：「駐韓代表槓上僑委會」、「駐韓代表將遭撤換」新聞均先後刊在蘋果日報和聯合報。至於我要爆料的也有：李某至韓國中南部某大學演講時，所受到校方的「狗」一般待遇、鄭姓立委以中華民國釣魚協會理事長身份率領我釣魚選手赴韓參加比賽並爭取由臺灣主辦下屆亞洲和世界盃錦標賽等經緯，因篇幅關係只能留待下一次機會再揭發。

韓國僑領、著名文膽鞠柏嶺先生曾詮釋這位李某只有這麼簡單一句話——「說大話的神經病」。我認為，以上事實足可證明這句話可能是「天下第一名牌」真言，最符合真實，將刻印在近代外交史冊。

二 「二十四筆在韓國有財產」爭奪戰

如君送人一條魚，一餐而已；
如君教人如何打魚，人將終生有魚吃。
——中華民國對非洲國家援助政策

天下事，無奇不有。

一位外交官在外交部工作二十五年，辦理退休後，每月領着數萬元退休金，有多少「怨恨」還要去監察院控訴外交部？居然這種「怪事」發生在我們現實社會，讓我實在想不通。

前駐韓P姓退休外交官用A4紙寫了五張長信給前駐韓李姓代表，另附我在韓二十四筆國有財產目錄乙份，土地資料頗為詳實完整，信末特請這位代表向立法院或監察院控告外交部。我仔細看完內容後，懷疑此人的真正動機不單純。

首先，我對這封信存疑的部分包括：

第一，人既已離開駐韓代表處，怎麼可以將公家「機密」檔案資料自行全部拷貝「隨便」帶走？並對外公開，不怕被韓國或中共取得利用？令人不可思議。

第二，更可疑的是，信中直指外交部對於我國在韓國一萬三千餘坪之國有土地財產長期管理不善及失察，致國有土地遭當地僑團、僑校非法占用或喪失所有權，嚴重損及國家權益等。對一般國人而言，這是何等嚴重的指控事件。

其實，從這封信裡不難發現P姓退休外交官表示強烈不滿的真正原因，控告外交部管理國有財產不善是一回事，其他兩項重點訴求才是核心：一、外交部不應把他自首爾改調外交部，因他正在積極辦理土地紛爭業務；二、外交部應該給他記兩大功，因他自認保護國有財產樹立特殊功績等。

監察院依據這封控告信和資料派由兩位女性監察委員調查。從斷交後第一任林代表等前後五屆代表和我叫去監察院問話，結果「雷聲大、雨點小」，統統沒事。監察委員可能也發現P姓外交官控訴外交部的真正用意在於他個人被調回和未記功，而不是為國有財產管理不善等原因。

在此，先有必要認識一下這位P姓退休外交官的背景：

韓國華僑，原為大使館雇員，後來取得碩士學位，轉為留學生身分的薦派「專員」。出身普通家庭，父親為漢城華僑中學資深工友。

P姓外交官的父親有一天早上在校門口指揮交通秩序，保護上學的學生安全時，不幸，遭逢車禍意外橫死。或許是此種家庭因素，讓他自卑感特重，生怕別人提起父親生前的職業與車禍死亡之事實。

開天窗，說實話，我與他不熟。兩人雖曾在一個駐韓代表處屋頂下一起工作，但從未私下吃過一頓飯或一杯酒，平日也沒有什麼互動或言談，可以直接形容兩人交情「淡薄如冰」。

我不否認，此人有他的強項，值得驕傲。比如說，他好像自幼練過字，鋼筆、毛筆字有一定水準。尤其，會唱京劇，聽說在僑社還有上臺表演經驗。可惜他的「做人」方式，讓許多同仁無法接受，因而對他「敬而遠之」，保持適當距離。正如俗話所說：「不是怕大便，是受不了臭味。」

有一次，他從首爾飛來臺北，在事先沒有跟我約定之下，突然闖入辦公室我的桌前，讓我十分驚訝與不悅。他首先恭喜我外放至駐韓代表處與他成為同仁，希望日後兩人密切合作。乍聽起來，非常「甜蜜」，好像企圖「拉攏」我跟他一派。

容我拍胸脯直說，我心裡早已有數。因為，平時兩人沒交情又沒來往，突然出現在眼前，認定此人自首爾飛來臺北找我有特殊「目的」，心裡有鬼，並且一定「笑裡藏刀」，我不得不築起厚牆，採取「多聽少說」提高戒心。

我防此人不是沒有原因。這雖然是Long time ago的事，但至今還讓我「咬牙切齒」忘不掉。我第一次外放至中華民國駐釜山領事館前，利用空檔時間投稿韓國第一大報紙《朝鮮日報》，標題為「韓國學生示威，鄰國看笑話，不必自損國際聲譽」，於一九九一年六月十八日刊出。只使用我的真實姓名「劉順達」和學歷「國立慶北大學政治學博士」，絕對沒有表明我的外交官「副領事」身份。

當時，我投稿《朝鮮日報》的用意十分單純。因我是「韓國政府獎學金」受益者，我得以留學韓國五年取得博士學位，不能忘掉這份「恩情」，所以利用機會「感恩圖報」，藉以勸導學運學生「適可而止」。

沒想到，此人自首爾中華民國大使館於六月二十一日拍了一份親手寫的密電呈外交部，略謂：「目前韓國學潮頻仍，會招致韓方對我之詰責。」

天啊！韓國搞學潮的人怎會知道「劉順達」即將赴釜山出任「副領事」一職？在臺韓兩國關係亮起紅燈之際，駐韓外交官居然還有空閒不務「正業」，來「密告」我，足以證明此人根本未存好心。

後來，我舉家抵達釜山到任。Y領事親自拿給我看外交部人事處依據以上密告電報糾正我的公文，函裡並要求「今後務請確實注意，以免類似情事發生」等。人事處似乎有先見之明，對我的處分算是滿客氣的。

接下來，於六月二十二日《朝鮮日報》刊登的一篇讀者回響，總算還了我的清白。一位姓梁的韓國讀者投書：「看到劉順達先生一文，認為韓國也有講真話的人感到驚訝之際，尚未讀完全文又發現劉順達不是韓國人而再次驚奇，他原來是曾在韓國攻讀政治學的外國（臺灣）人」。請問大使館你們這些「混蛋」外交官，有沒有把這篇文章也報回外交部「敬請鑒督核辦」？韓國人贊美我，也應該函請外交部給我「記功」才對啊！

古訓說得好：「害人之心不可有，防人之心不可無。」可惜，當我們環顧四周，這話是說給好人聽，跟壞人說是行不通的。外交部真有不少這些「小人」和「壞人」在「混水摸魚」。最不齒的事實是：外交部發現這樣問題後，袖手旁觀只會「睜一隻眼，閉一隻眼」。

例如，這位P姓外交官不到六十五歲急忙提前辦理退休，有一段真相要揭發，是外交部至今不敢對外公開的「秘密」。

據悉，此人在外交部亞太司承辦韓國業務時，曾電話向立法院王金平院長辦公室秘書索求旅美韓國華僑向訪美的王院長遞交的一封陳情書，而與院長秘書發生「不愉快」，院長辦公室立即要求外交部懲處。

這位P姓外交官真是膽大妄為。

我的質疑是：一、旅美韓國華僑向王院長遞交的一封陳情書與你業務何干？二、是外交部長官要你去跟王院長辦公室聯絡的嗎？三、你是為了主動向當事人，駐韓李姓代表輸誠嗎？四、王院長辦公室秘書為何要聽你的指揮？

當然，此人不願接受外交部處罰，只好選擇匆忙退休一路。

結果外交部不僅未懲處，反而從旁協助將不滿二十五年退休年資的人，以韓國僑校老師資歷臨時補滿年資「順利」辦理退休，每月照領數萬元臺幣享受餘生。問題是，後來此人還「恩將仇報」，向監察院將外交部「告上一狀」，讓外交部得不償失。不知這算不算是外交部的另類一條「醜聞」？

對於P姓外交官韓國僑校資歷乙事，經我提出疑義後，外交部回函答覆說：「這是銓敘部作的審核。」在此我還要特別恭喜：「今後全球僑校老師有福了！都可以返回臺灣辦理退休，領取一筆退休金。」真是要謝謝這位P姓外交官開創「先例」，今後可造福許多海外僑校老師比照辦理。偉哉！

外交部當「瞎子」的事也不少。此人自駐韓代表處調回外交部之前，在首爾一家五星級飯店舉行一場酒會。據印製好的中、韓文邀請函顯示，時間是二〇〇五年三月二十九日（星期二）下午三至五時。酒會名目是成立「大韓・中華民間交流協會」。具名邀請人是會長P某某他本人。

他當時的外交官頭銜是駐韓代表處一等秘書（研發組組長），並擔任僑社的華語推廣基金會副董事長。這回要成立「大韓・中華民間交流協會」並由自己出任會長，「胃口」真可謂不小。尤其，那一段時間，此人特別專程來臺親自邀請在臺韓僑協會幹部踴躍出席酒會。

這是從事外交？還是搞私人組織？酒會經費由誰負責？該組織的功能與性質是什麼？P姓外交官的幕後真正老闆是誰？外交部知道此事嗎？還是至今外交部和國安局一概不知？現在既然由我揭發此案，請問外交部要不要深入調查？

P姓外交官在駐韓代表處任職期間如此「胡作非為」，居然還能每月照領數千美元薪資，明顯違反《公務員服務法》。外交部連一點「後知後覺」都沒有嗎？萬一該組織與中國大陸有關或從事對國家有害的地下工作，國家安全實在堪虞。屆時，外交部和國安局駐韓人員要不要「記過」處分？值得有關單位重視。

二十四筆在韓國有財產案演變出這麼多「醜事」，是要「感謝」P姓外交官向監察院舉發外交部？還是要「批罵」外交部無能？不要再拿「於心不忍」來蒙混，外交部就在韓國有財產一事，是不是如P姓外交官所指控般「管理不善」，不應該誠實給國人一個交代嗎？

三 「醜陋的外交官」一詞由來

魚說：你看不見我的淚水，因為我在水中……
水說：我能感覺到妳的淚，只因妳在我心中……
——張忠謀《圓滿》

為免自己先跳進黃河洗不清，我得先講清楚說明白。

「醜陋的外交官」一詞絕對不是我創作的。這是民進黨執政時期一位出任駐韓代表約三年時間的李姓特任官奇特的「自創品」，創下中華民國外交史上，第一次使用此名詞的人。給外交部和外交官做了不少免費「宣傳」，實在「偉大」。

也許不少人都已知道此號人物，容我首先簡單介紹一下：

李某先前以中央社特派員身分駐韓長達十七年之久，期間並獲得韓國成均館大學歷史碩士、建國大學國際政治博士學位。用韓文寫的博士論文題目是〈美・中共關係改善與季辛吉外交〉(The Normalization between the United States and the Communist China and Kissingers Diplomacy)。

據我留學韓國的經驗，在韓國所謂「帶職上學」，或上夜間部課程，或只是「意思意思性」

的上課。甚至，我讀博士班時有一位同學是現任大學教授，我根本沒看過他來上過課。李某曾公開承認自己的韓語水準是「半調子」，也許是這個原故吧。

李某不僅學歷，經歷也顯赫。不論他是告訴人或被告身分，他提出的法院狀子上喜歡寫上：中華航業人員訓練中心董事長或中華商業海事職業學校（聽不少人異口同聲說，該校原屬國民黨財產，希望新政府調查本案）董事長。似意圖告訴檢察官和法官他的身分與地位特別「崇高」，辦案時要好好「參考」。

惟李某擔任駐韓代表時給韓國人的英文簡歷，卻巧妙動了「手腳」。把國民黨新聞黨部、航運黨部「書記長或秘書長」身分全部刪除，生怕韓國政界人士知道，曾任國民黨幹部的人，怎會「變質」一夜之間投奔民進黨。從這件小事，可以解讀此人做事不是「光明磊落」。

在陳水扁執政八年期間，以阿扁眼中的「韓國問題專家」，官運一路騰達，先後擔任總統府國策顧問、外交部和交通部顧問及巡迴大使等職，期間一直為我國開拓中亞、東北亞區域的對外關係，還包括蒙古。最後出任駐韓代表一職。

李某似具有獨特的「慧眼」，對外交官持有一種與一般人不同觀念。他經常掛在嘴邊的一句「名言」就是「醜陋的外交官」。他曾以「白紙黑字」（依據法院資料）辯解他講這句話的背景說，未來可以考慮出版這方面的書，因為他確實掌握部分外交官之惡行惡狀，以及部分僑界人士提供他的檢舉資料等，如此這般「義正詞嚴」，至今外交部竟不敢提出一句反駁。

其實，據李某自行介紹，他早期曾在我駐韓大使館幹過「主事」兩年，沒有明確指出，是調查局或國安局所屬單位派駐人員，但無論如何，他與「外交官」也有一段因緣，是不可否認的事實。那他為什麼敢公開講出「醜陋的外交官」一詞？一般猜測，這可能與他十七年駐韓特派員、東北亞主任等「記者」經歷有關。

據一位資深「韓國幫」外交官告訴我，李某曾與山東華僑出身的國防武官滕將軍有過「磨擦」。不知為何事，兩人鬧得不愉快，滕將軍指示大使館警衛不准「李記者」進大使館一步，否則會「動手打人」。是否是這個原因，讓李某一直懷恨在心，俟機報復？就無法查證了。

至於李某所指控的外交官惡行惡狀，可能與「賣車」賺錢醜聞有關。七十年代韓國經濟落後，人民生活貧窮，韓國政府嚴格管制外幣及外國車進口。我駐韓外交人員依韓國法令兩三年可換一部免稅外國進口車，時間一到就「賣車」，賺錢事自然流行。你賣我也賣，全館大家一起來。此事看在這位「李記者」眼裡，外交官領美金薪資不夠？還要賺額外「髒錢」，當然不順眼。

不幸，我駐韓國大使館期間也發生過外交官夫人走私外幣和高級羊毛大衣等被韓國海關查獲醜聞，當時新聞大幅刊登在韓國主要媒體。這些外交官及其眷屬丟盡國家的顏面，實在很醜陋。料想李某所把握的證據，理應包括這些陳舊資料吧。

批評外交官醜陋之前，李某也得先照照自己的臉是否夠「漂亮」。國內某私立大學T姓教授和我搜集的資料顯示，李某的「豐功偉績」計有：

第一，讓外交部和李宗儒前代表顏面難堪。

二〇〇三年二月二十五日舉行南韓總統盧武鉉就職典禮，原由李宗儒安排民進黨秘書長張俊雄率領藍綠立委六人赴韓出席，因韓國政府受中共施壓臨時喊停。在這個節骨眼上，所謂「體制外人士」身分的李某私自秘密安排張俊雄由他陪同來韓參加。這種「偷渡」行為，不僅不合乎外交禮儀，甚至讓韓國外交部表示不滿。

第二，暴亂說混淆視聽。

二〇〇四年三月二十日臺灣舉行總統選舉前，以召開「僑務座談」名義在南韓首爾、釜山等地舉行公投說明會，李某向各地僑胞公開表示：「倘國親兩黨當選總統、副總統，臺灣人民一定會暴亂。」阿扁得以連任，是不是李某也有功勞？

第三，電話阻擋報社報導。

二〇〇三年十二月十七日李某在立法院外交暨僑政委員會報告「臺韓關係」，結果被藍綠立委蔣孝嚴、關沃暖、陳唐山、張旭成等強烈砲轟，李某發現記者在現場採訪，不得不動用他昔日擔任國民黨新聞黨部書記長時之關係，急忙打電話給各報社主管，希望不要報導這則新聞。但第二天新聞照常見報。李某顯然不曉得「今夕是何夕」。

第四，臺韓復航。

二〇〇三年李某趁高雄市長謝長廷赴韓接受私立東洋大學頒贈榮譽博士學位之機會，當著謝市長面痛批交通部以「專業」為由，阻撓臺韓復航。據交通部官員私下透露，林陵三部長斥責李某：「你不要認為你有阿扁後臺！」臺韓復航簽約前，又傳出李某與民航局張局長大吵一架的雜音。

第五，自討沒趣。

教育部長黃榮村訪問韓國參加釜山亞運。李某向黃部長說：「中正圖書館是由我太太劉XX（按：劉女士曾為教育部派韓人員）一手策劃成立的。一九九二年臺韓斷交後，一直無法恢復原貌。如今，已自韓國華僑團體手中要回，需要人力與財力，請黃部長支援。」黃部長以教育部未編列此項預算為由，當場予以拒絕。

第六，李某槓上僑委會委員長張富美。第八屆世界華商大會於二〇〇五年十月九日至十二日在首爾舉行。李某正式函請僑委會發動臺商參加，結果被僑委會拒絕，並鄭重電告李某不要違背國家基本政策，淪為中共統戰工具。

第七，李某擅長打官司和與人鬥爭。為了與當地華僑一連展開法律訴訟，向外交部申請「五萬美元」專款，不僅沒有得到任何勝訴結果，反而加深當地僑胞對阿扁政府之不信任。

第八，最值得李某「驕傲」的是，他在韓國寫下「中華民國外交史」上最「燦爛」的一頁。依據二〇〇六年二月二十二日《中央日報》報導「韓華和平示威批黑箱遞抗議書盼轉呈扁政」，圖文並茂。二月二十一日約有三百名韓華聚集駐韓代表處辦公大樓前，戴頭巾、拉布條、舉標語牌，一邊高唱愛國歌曲〈中華民國頌〉與〈梅花〉等，另一邊喊口號要李某引咎回臺。《中央日報》駐韓記者拍攝的兩張照片說明當天情節，為歷史見證。一張是韓華示威群眾；另一張是李某帶領辦公室部屬（大概感到羞恥，一個個用牌子遮面）舉牌對峙畫面。當日，南韓警方出動鎮暴警察二百餘人維持現場秩序。

據資料顯示，我駐外大使或代表，與僑團、僑校、僑領不和的事不是沒有，但絕對沒有一位大使或代表親自率領部屬，大剌剌地站在大街頭舉牌喊口號，和當地僑胞直接對抗。不僅有損外交官體面，並且把整個國家顏面丟進糞坑。

為此，外交部不得不一刀剷除李某這個禍根。韓國華僑和平示威事件發生後不久，《聯合報》於二〇〇六年三月十六日以「駐韓代表李某某將遭撤換」報導略稱：「自認國王人馬，任內風波不斷，與華僑爆發爭產衝突，可能由職業外交官接任。」從這三十一個字副題一眼可以看出，其後李某給外交部與外交官帶來不少後患，需要長期治療。

如今此情此景，一幕一幕都擺在外交部人事檔案中無法消除。經過這位「非體制內」人士三年留下的一大堆與僑胞打官司等「垃圾」，全由外交部來「清理」，接任的陳前代表說：清也清不完。外交部終於得到「慘痛」教訓後，決定今後要派「職業外交官」出使韓國。真是後悔來不及啦！Ugly！Ugly！

第一次政黨輪替後，阿扁執政八年，「童子軍」等「人事」雖讚譽與批評不一，但任命李某出任駐韓代表，卻是不可抹煞的人事詬病。可憐的是外交部至今只能「啞巴吃黃蓮」，不敢吭聲。相信阿扁也一定會對當時「識人不清」有所感悟，此案分明為臺灣外交史永遠留下一條深深的疤痕。

四　你不知道的 Civic 與 Benz 功效

家而後國，家而不治，進退出處，皆失其據；
國而後家，國而無功，往來顧盼，終歸其本。
——清．金蘭生《傳世語》

最近看到一則廣告很有趣：「與時間賽跑的上班族，請給自己一年的時間，當上外交官。」準備一年時間考試，就能當上外交官？說實在的，我覺得這則廣告有「問題」。因為考試是一回事，做外交官則是另外一回事，必須嚴謹區分。

我講這話是有根據。

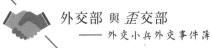

我在外交部亞太司剛上班就遇到一位「考試進部」的陳姓「書生」，個子中等、小白臉、瘦瘦的，非常安靜、老實。每天騎着腳踏車上下班，一人獨來獨往，很少見他跟他人講話，好像司裡沒有一個人是他的同事或朋友。沒過一個月，他就悄悄辭去，留下許多嘆息。

以我的分析，主要是他的個性所致。容我再直白一點說，一個人的個性太內向就不適合當外交官。就像中國大陸一位老師的十字辭職書所言「世界那麼大，我想去看看」般，要具備廣闊心胸，才有資格做「外交官」。這也證明，考上外交官，與能不能適應各種不同環境及勝任工作是兩碼事。

考上外交官的志趣也各有不同。有位初次外放的W姓同事告訴我，他迎娶太太時，開的車是喜美，太太認為不夠體面。因此，他向太太保證日後做了外交官就會買一輛賓士車。他的諾言果然兌現，三秘就買賓士車開，幾乎與代表車同級。

外交部雖沒規定三秘不能開賓士，但與其開賓士車是純為「秀」給太太看，不如以工作佳績或外交成果獻給外交部和國家，更有意義。不知他的這種想法與太太的觀念是否正確，可留給大家討論。但我總覺得這種追求私欲的外交官多了，是外交部和國家之災難。

人不相信人是最悲哀的事。我與W姓同事在駐韓代表處業務組共事，我任組長，他負責會計與電務。有一天他向我說，他正在攻讀博士班，每週星期四要請假半天去上課。我不僅沒查看任何證件就准假，還鼓勵他上進，我選擇的是相信這位同事。

沒想到，有一天一位辦公室情資單位同仁告訴我：他親自目睹W姓同事每次跟一位韓國外交部呂姓小姐在外約談，所以要調查他們二人談話內容。不是私下向我請假去上課嗎？怎麼在固定時間和特定小姐約會？實在難以想像。原來唸博士班純係一場假戲罷了。

賓士車還有這種異類效果，令人睜大眼。有一次我在外交部西側門目睹一輛二手賓士車，當時無論是新的或舊的賓士都少見，所以我請教警衛後，得知是一位姓張外交官的車子。後來因他這部賓士娶到一位「鼎鼎有名」的外交新聞記者，成為同仁間的閒談話題。

在民主國家只要「老子有錢」，除了「殺人」之外，什麼事都能做，當然買名車也復如此。無獨有偶，「外交官狠劈四人妻」故事，也扯上賓士名車。男孩要交女朋友需要一部名車，恐怕是現今社會現象。

這位年過五十歲的外交官單身，他充分有資格、有條件同時與四名女朋友交往，但問題是，如果對方女性不是單身，還有家庭，這就不合乎中國人強調的倫理、道德觀念，值得商榷。

賓士車的一次意外「收穫」。在駐泰代表處工作時，有一次與泰國外交部朋友吃飯、喝酒。他開賓士車送我回家，在一處十字路闖紅燈被交警攔住，剛好那天我穿西裝坐在後座，這位朋友急忙告訴警察我是「中國大使」，交警看看我，就這樣「蒙混過關」。

我讀完這篇「外交官狠劈四人妻」五頁圖文並茂的現代版「紅樓夢」故事後，再重新欣賞一則英文笑話，情節頗有一加一大於二的味道。特予介紹如下：

After the dance

Italian girl: Now you will hate me.

Spanish girl: Now I will love you always.

Russian girl: My body belongs to you, my soul to the party.
German girl: After a while we will go to the beer garden, ja?
Swedish girl: I think I will go home now.
French girl: For this I will get a new dress, oui?
American girl: Damn. I must have been tight. What did you say your name was?

無論是開名車或狠劈四人妻都屬於外交官個人的「私欲」。我在駐外經驗中，遇到不少追求私欲的外交官。有位G姓同事是有名的「吝嗇鬼」，連當地雇員也指指點點。他眼中只有他一家人最重要，工作、同事都次要。因此，雇員要等他請一次客，就要等到太陽從西邊升起。

他下班很準時，因為要接小孩回家，還要幫小孩做功課。如果每位外交官駐外工作重心全擺在家庭，當然工作表現有限，一方面沒時間交結當地朋友，另一方面也得不到長官之器重。

問題是「天高皇帝遠」，外交部不僅看不到、也管不到外館。連監察院也無法監督。據《蘋果日報》二〇一三年四月二十四日頭版頭條新聞報導：前監察委員周陽山調查「臺星外交關係事件」，張姓官員以「事涉國家機密」為由，拒絕回答周監委的問題，讓周陽山火大，高聲批評張是「史上最囂張公務員」。

民進黨立委蔡煌瑯也插一腳，痛斥：「犯錯還晉升，外交部獎罰不明、徇私袒護，根本藐視監院，不但打擊外交人員士氣，監院也被公然藐視！」監委、立委批罵外交部有什麼用？史、張二人不受任何影響還不是照樣高升。

這種情況更厲害，有位李姓駐韓代表眼中根本沒有外交部。二〇〇三年八月二十六日該處三組會議中，他不客氣地指出：「本處與主管司亞太司之互動上，應力求不卑不亢！『關係正常化』。有關韓國事務本處人員身在最前線瞭解深切，亞太司宜尊重駐外館長與各級館員之專業與對實況之掌握，應避免提出不切實之要求。」

這麼大的口氣，他要跟外交部平起平坐，還要不卑不亢、關係正常化，並且「警告」外交部不能提出不切實之要求。據說，外交部上下「恨死」此人，但不敢反駁，因為當時他是「國王人馬」。這成何體統？請外交部給國人解釋一下吧。

外交部眼中只有一人，就是馬總統。「國宴一人一桌」的糗事為什麼會發生？不必講大道理，電視畫面會說話。那天我在家看電視，一眼就查出在圓山大飯店大廳的外交部官員、服務生和安全人員的眼神全都關注在馬總統一人身上，所以很自然沒把義美公司高總放在眼裡。高總！沒關係啦，儘管吃飽就好，錢都出自人民納稅荷包。

L部長不怕「腦袋」被砍。手中握有「保命」法寶，只要把總統出訪事，辦得服服貼貼，讓總統滿意就好。《蘋果日報》二〇一三年五月十六日以「失格外長自貶當翻譯機」為題報導稱：軟弱幫菲方緩頰，朝野轟「下臺」。至今穩如一尊「不倒翁」，要等到明年五月與馬總統一起卸任。L部長給國人的表現確實沒有「肩膀」，令人看不起。

「菲律賓濫殺我漁民」事件是最明顯的例子。國人從當日電視畫面也可得到證實。那天，菲方白熙禮是「老闆」，L部長扮演「小弟」或「跑堂」角色。白熙禮坐着，L部長走來走去，一場嚴肅的記者會畫面，讓國人看了很不是滋味。真是不如一位洪小姐表現「有力」，與白熙禮抗爭。

據外電報導，最近南韓外交部發生一樁醜聞，讓尹炳世部長「滿目瘡痍」。一位女性外交官被派到駐巴拿馬韓國大使館實習期間，大使夫人為準備晚宴歡迎尹部長來訪，使喚這位外交官至官邸幫忙，把外交官當成家裡「佣人」。事發後，外交部立即派人至巴拿馬現地調查真相，確定大使夫人做法不當，尹部長在國會低頭道歉。

南韓外交部的「快刀斬亂麻」做法，值得臺灣外交部學習。目前外交部和駐外館處的「不正常」現象很多，像一個人身上的膿包還沒破裂。問題是，監察院的再多糾正，事後都沒追蹤，就沒有任何效果。尤其，外交部巧妙利用監察院之「漏洞」，糾正過一段時間就變「死案」。

這種心態直截了當說明，不管立法院或監察院放的「屁聲多大或多臭」，外交部就是視若無睹。各部會首長只要有馬英九一人「庇護」，眼中沒有立法委員和監察委員的存在。這是馬政府遺留下來的「毒瘤」，下屆新政府若無法切除，倒楣的還是二千三百萬臺灣人民。

其實，外交部「生病」不是一兩天事了。惟監察院「力不從心」，人力、經費都有問題的現實下，無法執行並調查外交部與駐外館處之各項業務，這是非常嚴肅的問題，必須立法將現行監察院職權移轉立法院。

我覺得可借鏡韓國的例子。國會議員一年中，依法定期性到當地韓國大使館或領事館視察業務，非常嚴格執行。因此，建議立法院效法韓國國會擬定制度與編列預算，每年定期由立法委員調查外交部與駐外館處之各項業務，逐步改善外交部和駐外館處的各類積弊。新政府新國會刻不容緩。

五　兩件電報的陰謀

登頂聖母峰的人，不是為了長住，
登頂後即要準備下山，
比起為征服付出的痛苦時間，
攻頂的光耀只是瞬息。

——韓・金東吉《人生長光耀短》

據報導，李姓前駐韓代表一直是「爭議性」人物。二〇〇六年三月十六日《聯合報》有這麼一段報導內容：

非職業外交官出身的李某某行事作風強悍，任內風波不斷，曾有人質疑他處理政務過於站在韓國政府立場思考，僑委會也曾因他處理中共籌辦僑商大會一事失當，表達強烈不滿。他與人的互動也出現狀況，曾以散布對其不利的不實訊息為由控告代表處的館員，與當地僑胞的關係也非常緊張。

藍綠立法委員早已預言以上結局遲早會到來。此人從國民黨黨棍投入民進黨陳水扁懷抱開始，就曾被國民黨立法委員蔣孝嚴狠罵，也被民進黨立委陳唐山批評。種種事例證明此人確實如以上媒體報導內容無誤。

「空降」出任駐韓代表後，被立法院請去作例行「臺韓關係專題報告」。蔣孝嚴問他「CEPA」是什麼意思?李某答不出來。被蔣立委狠狠說出：「如果我是外交部長，你最多能做一個副司長或參事。」陳立委更怒批：「你是中華民國代表，怎麼處處為韓國利益着想！」

不僅被藍綠立委批評，並且網站也出現各類貼文對李某的評論。依據臺灣高等法院刑事判決文記載，主要網站有二：一是韓國漢城華僑協會（網址為：http://www.uni.crask.or.kr）；二是外交改革論壇（網址為：http://members5.boardhost.com/mofa13/）。值得有興趣的人一讀。

首先，漢城《華僑協會網站》留言板有：「除非你真的是傻瓜，不然不必要跟這個李共產黨員X X一起搞無聊的把戲，你們是什麼東西，還沾沾自喜呢！蠢蛋！懂嗎？」、「李狗養黃狗，黃狗再養王狗，恭喜李狗吃黃狗肉！恭喜黃狗與母狗一同開刀！恭喜王狗吃李狗飯，又喝黃狗酒……」等。李某被罵成共產黨員和狗。

在《外交改革論壇》的貼文更「火辣」：「李X X的水準不如一條狗，狗忠誠，狗有良心」、「李X X很會吃、天下的東西他都吃、他吃錢、也吃女人」、「據尹姓韓國建築商最近至駐韓代表處密告，國親兩黨將於選前召開記者會公布，利用阿扁名義與高鐵利誘，詐欺五百萬美元醜聞，屆時民進黨立委林X X與李X X吃不完，兜著走」。我不相信這些貼文內容全屬真實，但臺灣不少媒體確曾登載過「三百萬美元詐欺案」新聞。

看了以上貼文，我的感觸是：一個人活在世上，不管他的地位有多崇高，不論他的財富有多雄厚，一個人被他人罵成一文不值，如果一個人沒有品格，人格就像僵屍。這個人的一生不僅白活了，還要債留子孫，實在划不來。

諸多名人留下的話，對李某全然是耳邊風。「一個真正成功的人，必須人人都能容得下你，你也能包容、接納每一個人」。一般人常說的「隨緣」，是要隨「善緣」，不是「惡緣」。李某被韓國華僑「趕回」臺灣，只能算是「自業自得」了。

李某搞「偷偷摸摸」確為不爭事實。有一位眼尖的《中央社》駐韓特派員目睹南韓舉行盧武鉉就職典禮時，在一般座席裡，還是靠近臨時設置的廁所旁，坐著兩位臺灣「貴賓」，一位是張俊雄，另一位就是李某。這位記者覺得很納悶：一、當時慶賀團不是決定不來了嗎？二、貴賓怎麼坐在一般席？簡直給國人「丟臉」。

二〇〇三年三月三十一日《外交改革論壇》26 貼文題為：外交重臣栽在「體制外」外交。該貼文簡略如下：

「李宗儒表示，他是在韓國拒絕張俊雄訪韓時，就決定請調，他否認外交部瞞著他，秘密安排張俊雄進入漢城是他請調的原因。但是外交部多位官員私下表示，李宗儒對並非對體制外人士秘密安排張俊雄訪問南韓不滿，他感到灰心的原因，在於體制外外交無法與外交部駐外人員配合，那些自詡有豐沛人脈的人士，雖然讓張俊雄的訪問起死回生，但由於南韓政府和他本人事前不知情，韓國政府也相當不諒解這些體制外的『偷渡』行為，讓李宗儒自認栽了大跟頭，心生不如歸去之感，才在三月初趁返國體檢之便申請請調。」

提起網路貼文事件，大概我的遭遇屬於「世界奇聞」。

李某認為，貼文批評他的文章都是我寫的，卻提出偽造的韓國首爾地方警察廳文件及其中譯文多件做為證據，實令人噴飯。一個民主法治國家要定罪某人，必須要有真正證據，不是拿偽造文件專來欺騙不懂韓文的檢察官和法官。

但不幸，卻遇到臺灣檢察官和法官不是依據證據而是以「濫權、心證」判處，讓我至今對臺灣司法沉淪至此地步感到無限悲哀與痛恨。收買檢察官或法官的外面公開行情是二百萬元至三百萬元臺幣不等。被黃世銘檢察總長捉進去坐牢的法官與檢察官所收的賄賂金額不就是這個數目嗎？

李某原先在韓國提告「姓名不詳者」，後來卻拿我開刀。李某為了把我自韓國調回外交部，他前後發了兩次電報。第一封電報中，他向外交部提出兩個調離我的理由，完全採用「借刀殺人」方式，這一招確實很厲害，恐怕職業外交官都學不來。

一是我與國安局黃姓派駐人員的私人恩怨；二是我在韓國有財產所有權名義更名事，根本沒有提到如檢察官和法官給我亂扣上的大帽子，謂「兩人係因工作上有嫌隙」，明顯與李某電報內容不同。

電報內容與事實差異大致列舉如下：

一、李某利用國安局派駐人員黃組長「借刀殺人」。結果黃組長受到國安局處分。李某卻暗自「笑嘻嘻」。

國安局派駐人員黃組長分別於九月二十九日及十月七日兩度向簡又新部長信箱投書申訴劉員有損同仁形象及破壞團隊士氣事，查證結果已呈報外交部核處。

二、李某所謂的「言行報告」，純屬謊言。

又接獲有關劉員言行報告乙份，該內容對其之言行多所指責，倘劉員繼續在這裡任職，恐對其個人及整體團隊造成不利影響。

三、奇怪，外交部至今沒說我有任何「疏失」，也沒有處分我。顯然李某自行羅織「罪名」。

劉員於十一月二十四日向李代表報告有關「非外交財產」變更名義案，承認「未照外交部指示，事先未研議呈部核准後辦理……願受外交部任何處分」，顯有疏失之處。

四、電文最末，李某重複強調：言行不當、館產問題之疏失等。

劉員已數度遭受同仁檢舉其言行不當，加以處理館產問題之疏失等，為免影響團隊任務之達成，特建議外交部同意先將劉員調離，並再覓適當人選遞補其職缺。

事隔近月，李某未收到外交部回覆，心急如火燒。又發了一個「催促」電報內容悖逆事實如下：

一、李某為「積極保產」，與韓國華僑打官司，結果「全輸」。

為了保產業務亟需積極處理，李代表於日前告知劉員，外交部已決定將他調離，並囑咐劉員準備將業務移交王秘書。

二、若人事命令發布前屬於機密，李某為何事先洩露？明顯李某違法在先。

劉員獲告後，未顧及人事命令發布前之機密性，即走告所有同仁，已造成人人皆知之困擾情況。

三、李某為何被韓國華僑趕走？事實足以證明「人地不宜」的是李某本人。

由於劉員在駐韓代表處工作確已「人地不宜」，為免滋生更多困擾，影響團隊和諧，建請外交部儘速將他調離。

從以上兩件電報內容觀之，外交部原先似有諸多「考慮」，後來還是屈服於這位自稱「國王人馬」的李某為事實。尤其，我自韓館調回外交部服務不久，在各種不同場合，分別巧遇三位長官異口同聲地安慰我說：「委屈你啦！」他們是研設會主委楊黃、人事處施處長及總務處李處長。

前兩人楊黃、施早已離開外交部，但李處長隨簡又新部長自交通部改換跑道至外交部迄今。他們三人都是我的人證，可以說深入瞭解本案原委。若他們不知真相，絕不會跟我一致表示同一句話：「委屈你啦！」這一首「委屈你啦」名歌，我要送給外交部作紀念，永遠唱不完。

最後，我要公開，在此其間，李某對我的利誘與謊言。

首先，他說要派我去新設的釜山辦事處擔任要職。其次又說，待北韓設代表處後，要派我去平壤工作。後來，親自告知我人事調動同時，謊稱「聽說你喜歡泰國，就派你去駐泰代表處」。簡直他就是「總統」，又是「外交部長」身分。李某的兩件電報陰謀惡行，「閻羅王」業已知曉，會在「地獄」一直等待此人。

六 外鬥外行．內鬥內行

太上曰：
禍福無門，惟人自召；
善惡之報，如影隨行。
——《太上感應篇》

通常而言，駐外館處規模較大的都派有國安局駐外人員，以不同名義對外。就駐韓代表處為例，以「顧問組」名義對外。一位組長，一位秘書，兩個名額。

但不幸，無論是韓方或僑社，甚至中共都知道「顧問組」是「掛羊頭賣狗肉」。明明是「國安局」，何必「裝神扮鬼」呢？為何不敢「光明正大」？現在是什麼時代啦！說實話，我無法苟同。

或許就是因為這個原因，造成這些人自以為「顧問」就「高人一等」。他們可以秘密搜集同仁資料呈報外交部或國安局，讓你「怕死他」。我在駐韓代表處工作三年，真是「百聞不如一見」，就遇到這麼一位姓黃的國安局官員「奉上欺人」、「狗仗人勢」。

黃某藉與我間的私人仇恨，假公濟私以「公器」方式報復。投訴外交部長簡又新信箱告我，外交部認為，投訴內容多為私人恩怨，不構成公務上有何違失等，特請李前代表宗儒安排我與黃某中午一起用餐，並「握手言和」。由此可充分說明外交部對本案所持立場與態度。

兩人互鬥，第三者得利。國安局的密件報告也被李姓人士利用，全部送到地檢署和法院，將其間「顧問組」和國安局間使用的「暗號」或「代號」全都洩露出去，國安局被迫更改，損失不輕。黃某浪費國安局資源，實在可惡、可恥。

返國後，我不得不對此人提出「嚴正反駁」，於二〇〇九年二月兩次向當時蔡得勝局長提出檢舉信函及資料，對黃某不實謊言一一予以駁斥，進而請求還我公道。內容大略如下：

一、狗改不掉吃屎惡習。時聞國安局駐外人員與外交部等其他單位駐外人員間發生齟齬不愉快事，沒想到居然也落在我的身上，這才恍然大悟，其間的許多傳聞果真不虛。

二、看錶也會得罪黃某。有一天下午，黃某和其同事一起走出辦公室「下班」，在走道上與我偶遇，我什麼話也沒說，只低頭看了一下自己手上的錶，就得罪了他。真是莫名其妙。

三、「劉組長」被叫為「劉博士」。有一次在代表處正式開會場合，黃某突然稱我「劉博士」，我知此人不懷好意，我回敬他「黃碩士」。「禮尚往來」，我沒有錯吧。

四、黃某長了「千里眼」。黃某投訴外交部長簡又新謊稱：「劉順達每天下班後就邀約郭副代表一起喝酒，每次都醉醺醺的回家，甚至與韓國人喝酒時經常把不該講的話都說出來。」

黃某真厲害，怎知道我「每天喝酒」？又怎知「每次醉醺醺的回家」？什麼是「不該講的話」？應該提出具體證據指責我，不能道聽塗說。否則就沒資格擔任國安局職員，蒐集中共情資。

五、黃某若稍有法律常識，應在現場拍照。黃某又謊稱：「郭副代表與劉順達不勝酒力，對蕭姓女僑領毛手毛腳，摟摟抱抱。」簡直胡扯，應拿出現場證據，不然，就涉誣告罪。何況蕭女士先生與家兄為高中同學，算是我的兄嫂。我可以對兄嫂亂來嗎？謊言「不倫不類」，侮辱我的人格。

六、黃某好像告白自己的前科紀錄（與駐韓雇員小姐的曖昧與兒子在菲律賓被綁架事件）。黃某繼續謊稱：「曾邀約領務組女性雇員喝酒，並半強迫下將該女性留置至凌晨而不予平安送回。」是指我「性騷擾」還是「強姦」了這位女性雇員？一位國安局駐外人員的水準如此「低級」，「國家安全」交給這種人處理，其結果可想而知。

以上內容經我檢舉後，於同年三月十一日接獲該局書函回復「簡單明瞭」（098 捷甦字第 0006944 號）如下：

「主旨：台端所陳情事項，本局對所屬人員已有適當處置在案。至台端所涉臺灣高等法院 96 年度上易字第 540 號判決乙案，因已經法院判決確定，本局尊重司法機關之相關調查程序及判決結果。」

對於國安局的回覆，我無話可說。因為，一來國安局對我的指控沒有表示「異議」，二來已對黃員給予「適當處置在案」。總算還了我一些公道與消除心中沉積的不平。今後如果國安局駐外人員都像黃某不務正業，專搞內鬥，國安問題確實令人堪憂。

曾為外交官的蕭前副總統萬長早有先見之明。他任行政院長時在全國駐外人員集訓講習班對學員指出，三十多年前他擔任外交人員時第一次外放，當時中華民國是聯合國的會員國、安理會的常任理事國，那時就有外交長輩告訴他，外交工作最大的困難來自內部，困境有四項：

第一，駐外人員缺乏熱愛國家的精神，容易受他人同化。

第二，太著重接待國內貴賓，反而疏忽外交工作；做「內交」，不做外交，打不進當地社會。

第三，外鬥外行、內鬥內行。

第四，駐外各機關不相往來，缺乏聯繫，各自為政，只對自己機關負責，對其他機關保密。

真奇怪。我外放駐韓代表處前曾在臺北市公務員訓練所上「第十六期全國駐外人員集訓講習班」，有一堂課由外交部藍次長主講，至今我的筆記本上清楚記載了藍次長當日講話重點。其中，藍次長指出駐外館處的本位主義等內部問題，幾乎與蕭副總統同調。似乎讓人感覺「時光在倒流」。

沒錯。外交部和駐外各館處的此種「惡行惡狀」，一直姑息養奸，不求改進。《聯合晚報》二〇一五年六月三日一篇報導「林郁方指外館拍在野黨立委馬屁」一文也說明這一切事實：

國民黨立委林郁方上午在立法院外交國防委員會表示，立委私人外訪，駐外代表處的人員若與立委，或與其他政治人物有私交，儘可在外面見面吃飯，只要不動用公款。他自己出國，絕不使用代表處資源。

林郁方說，他到某南亞國家，主動告訴外館不要動，因為他過去曾發現代表，在他訪問現場等他，當時他用完餐後，請代表回去，通知立委私人度假不用接待，立委要自我要求，外交部也要有立場。

林郁方說，代表處要三個人接一個人，不搞外交專搞內交，很誇大，竟派到三個人，去接一個立委，外館要做到這種程度嗎？

據報導，當天，外交部次長柯森耀問訊，沉默不語。能提出反駁嗎？不敢。因為這全都是擺在國人面前的事實，保持沉默也是承認錯誤的一種。

外交部專搞「內交」習以為常。有一年年底，我奉外交部指示至機場接立委及其眷屬一行三十餘人來韓度假，根本就是公開在玩「消化預算」，不花白不花。令人髮指的是，我拿了他們的護照向韓國法務部出入國管理局機場查驗站官員說明，他們是中華民國國會議員及其寶眷，結果，出現一本中南美洲某國護照，讓我當場感覺「羞恥」，不知如何向韓國官員澄清這位「外籍」身份。

明年一月政黨能不能輪替還未知數，外交部確早已傳出哪一位高官與民進黨親近，誰是下一任外交部長等，傳聞滿天飛。這種「不搞外交專搞內交」如登革熱般傳染，「拍在野黨立委馬屁」現象就像細菌般不斷滋長，這些外交「雞犬」才有機會「升天」啊。

在外交部「升官」也要靠背景，亂無章法。這則有關南韓前總統金泳三的政治笑話「兔死狗烹」，或許可以影射出一部分外交部醜陋的畫面：

有一天，金泳三邀約曾同甘共苦的部屬至補身湯店（狗肉店）小聚。熱湯滾滾之際，突然部屬們不約而同地痛哭起來。

金泳三驚訝地問：「現在我已順利坐上總統位，你們哭什麼呢？」

「最近坊間盛傳上山獵兔後，獵人將獵兔和獵狗一起烹飪。今天看到補身湯，就聯想到我們的處境會不會也像獵狗可憐。」

金泳三無奈地說：「同志們！真無聊透頂，我再沒良心，也不會把家裡養的狗統統都吃掉啊。」

李某、黃某（被國安局處置）、卜某（提前申請退休）三人的「外鬥外行、內鬥內行」，恰如「兔死狗烹」般，將「家裡養的狗」都「鬥」慘了。

Story Four

萬花筒裡看外交官

一 「榮譽博士」外交

受人民愛戴的外交部、受人民信賴的外交部、
國家利益優先的外交部、指向世界一流國家的外交部。
這是我們的希望。

——潘基文《在外交現場》

經濟外交、體育外交、文化外交，這個時代什麼名堂都可給外交冠上一頂「新穎」帽子。「榮譽博士」外交可能是我在外交部服務時的一項新鮮玩意兒，值得大力推介。

誠如大家所知，陳水扁總統擁有兩個韓國大學榮譽博士：一是慶南大學；二是龍仁大學。前者是臺北市長卸任後，後者是總統任期中獲頒的，對只有臺灣大學法律系學士學位的阿扁來說，兩份都是一生最高榮譽。

在此不談這兩校在韓國的學術地位和名聲，只談兩位中間牽線人，日後給陳總統帶來各種大大小小負面影響。

第一位牽線人是慶南大學教授兼中國問題研究所所長姜命相。姜命相曾有一段時間在臺灣留學和工作，中文流利，個性開朗，與我黨政各界人士熟識，交往熱絡。

尤其，姜教授翻譯有關陳總統、吳淑珍女士之《臺灣之子》、《走出金枝玉葉》等幾本書在韓國自費出版後，成為阿扁的座上之賓。從書中幾張姜命相與陳總統夫婦合影照片來觀，也可看出當時姜命相確是陳水扁眼中之「紅人」。

姜命相或許想利用這一層關係，在韓國「招搖撞騙」，結果發生「臺商與韓教授涉詐騙三百萬美金」一案（參考中國時報二〇〇六年三月十一日新聞），不僅造成姜命相本人在臺灣突然客地病逝，也讓陳總統的「榮譽博士」蒙上一疊灰塵。

此案來自韓籍尹姓商人致陳總統之檢舉密函曝光。

尹姓商人原在新加坡經營建築業，後經姜命相媒介，來臺投資。其間，尹姓商人透過姜教授介紹，認識了臺灣立法委員、總統府資政、外交部官員等。尹姓商人自然相信了姜教授在臺灣的雄厚「實力」與廣大人脈，未有猜疑。

據臺灣法院資料顯示，尹姓商人於二〇〇二年四月一日來臺，發現臺灣的工程沒有議價制，完全是國際或國內招標，照法律辦事，也沒有所謂的保護牆。他說他給了民進黨林姓立委百分之三十回扣，後來才發覺一百二十萬美元已匯入姜教授銀行帳戶。明顯是一場騙局。

其間，這位林姓立委之女兒等人赴韓與尹姓商人直接談判，駐韓代表處派了卜姓外交官與王姓雇員居間協調與翻譯，試圖解決未果。後來還是進入司法程序，臺北地檢署以詐欺罪起訴馮姓等人。

第二位牽線人是L姓前駐韓代表。據悉，如同姜命相般，此人對陳總統能獲得「榮譽博士」也有一定貢獻。陳總統為「回報」，特任命此人出任駐韓代表。

L姓前駐韓代表一到任就對我在韓二十四筆國有財產表現特別興致勃勃。

據二〇〇四年十二月二十四日韓國漢城華僑中學理事會印發給僑領、僑胞、學生家長們的一份特報（副題：天下還有這種事、國家代表告華僑、密告校舍是違建、扒灰盜壟害華僑）中有這麼一段記載：「臺北代表部，為了搶奪漢城僑中為私有，利用臺北代表部的正式公文向韓國文教當局告密，告發現任僑中理事會為非法結黨，告發漢城僑中校舍是違章建物未登記不合法，藉此要求韓國文教當局把漢城僑中『設立者』（譚永發）的名義，在事前沒有一言半句的商議下，偷偷摸摸申請要改為李XX代表自己的名義。」

韓國華僑也不是省油燈，組織三百多人在漢城華僑協會會長邱元仁（據說是L姓代表的學生）的率領下於二〇〇六年二月二十一日上午前往駐韓代表處所在光化門大樓外舉行和平示威，並要求L代表為處理產權黑箱作業一事負責，引咎回臺。

這恐怕是在韓華歷史上頭一遭與駐韓代表直接衝突的新鮮事件。

因此，事件鬧得沸沸揚揚，臺、韓媒體大幅報導，不僅引起韓國政府注意，並且也搞得外交部十分頭疼。據說由當時外交部長黃志芳親向陳總統建議拔掉L代表職務。L代表返臺後，欲俟機親向陳總統面報事件經緯「脫責」，但被陳總統婉拒。

陳水扁總統執政八年，姜命相和L代表二人給阿扁總統臉上貼了不少「黃金」，又髒又臭又醜。如今，相信阿扁也會後悔接受他們二人安排的兩張榮譽博士證書，然後被「廉價出賣」，很不榮譽，顏面丟盡。

事實上，除了阿扁之外，臺灣不少政治人物特別喜歡韓國大學的榮譽博士。我在駐韓代表處工作期間，就有親民黨主席宋楚瑜（淑明女子大學）、張俊雄（檀國大學）、姚嘉文（韓京大學）、高雄市長謝長廷（東洋大學）及臺北縣長蘇貞昌（成均館大學）接受了榮譽博士學位。

令人質疑的是，謝長廷和蘇貞昌二人好像不約而同地匆匆於卸任前赴韓接受榮譽博士學位，有無特殊目的，不得而知。奇怪的是，臺北市選舉委員會印發的第十二任總統副總統選舉選舉公報裡，他們二人的學經歷欄都沒有記載榮譽博士學位，是有什麼顧忌嗎？還是受陳水扁案牽累，不敢對外公開？

據我所知，有一點可以確定的是，南韓政界盛傳這麼一說：「若要當選臺灣總統要先取得韓國大學的榮譽博士學位。」是學習阿扁總統模式？還只是迷信而已？可要問問算命的人，才可獲得正確答案。

其實，韓國人也喜好臺灣各大學的榮譽博士。以我的初步估計，臺灣各大學中，我的母校中國文化大學頒發給韓國政界、財界、學術界人士最多。其中「校友」中，鼎鼎大名人物就是現任總統朴槿惠。總算讓文化大學把以往外界的負面「傳聞」一筆勾銷。

「榮譽博士」這一行「生意」，我也有點實際經驗。我在韓國國立慶北大學攻讀博士學位時，發現該校頒發給外國人榮譽博士的名單裡，獨缺「中華民國」國籍人士，我透過熟悉的教授協助向校方建議後，獲得校方 O.K.。

我馬上聯繫我們大使館文化參事李寶和博士（出身國立師範大學教授），他原先推薦了一位許姓高雄市長，校方說市長地位不夠格，後來李參事另又推薦時任經濟部長的徐立德，慶北大學最終答應頒贈。

人算不如天算。臺灣國內發生「十信案」，徐部長辭職。只好由李參事代表徐部長接受經濟學榮譽博士學位，並在校內舉行中文圖書展覽後，將圖書悉數捐贈慶北大學，做為答謝校方之禮物。徐部長未能親來，誠屬「美中不足」。

至今，我未見過徐先生，也不知道李參事有沒有把榮譽博士學位證書交予徐部長本人，甚感遺憾。希望有一天能夠接到徐先生的一通電話，確認一下此事，我這「媒人」也是「校友」，就心滿意足了。

這套經驗非常寶貴並且享用不盡。我在駐泰國代表處工作時與秘書組（政務組）組長陳杉林搭配良好。我向他建議找一所泰國大學頒發國內長官榮譽博士，他欣然接受並馬上行動。

後來我調返外交部亞太司二科承辦泰國業務，繼續推動本案。我記得依照泰方要求，還跟蕭副總統辦公室聯繫，取得蕭副總統英文簡歷、照片、身高及頭圍尺寸等，轉交給校方，等待進一步消息。

據悉，校方與泰國外交部交涉時，遇到政治因素作梗，以現任副總統身份無法前往。待蕭副總統卸任後，泰國R大學還是信守承諾，頒贈榮譽博士學位予蕭前副總統。此條路已開通，今後年輕外交官可循前例，不會碰到紅燈，可開車直達。

有志者事竟成。在此，一定要提一下前海基會董事長江炳坤的一段趣聞。他擔任中華民國對外貿易發展協會秘書長時，有一次與聯華電子總經理曹興誠和我三人去首爾開會。在車上，江秘書長告訴我們：「他的日本朋友說，你這種人才在日本早就做部長了。」後來，他真的當上經濟部長。

可能很多人不知道，外貿協會英文名稱的變遷史。原來好像是「CETDC」不好唸也不好記。江炳坤模仿韓國的「KOTRA」和日本的「JETRA」，將「CETDC」改成「CETRA」，好記又好唸。如今演變為「TAITRA」。外貿協會網站簡介中根本不提這一段歷史，令人有點「忘恩負義」感覺。

如果有人問我：「一個人一生中最快樂的事是什麼？」我會回答，完成一件自己想促成的事。俗話說，天下無難事，只怕有心人。真沒想到，我在外交部推銷的一項「榮譽博士學位」生意還算有頭有尾，交易成功。

二 CD外交

生也一片浮雲起，
死也一片浮雲滅，
浮雲自體本無實，
生死去來亦如然。
——韓・西山大師《人生》

前些日子在《中國時報》看到一則有關CD外交新聞，感到非常驚奇。因為幹過公務員或外交官這一行的人都知道，通常在辦公室辦公，大部分是上頭長官或部、次長特別指示下來，要你做什麼就做什麼，或每天只做例行工作，避免所謂的「多做多錯」，讓這些人養成儘量「少做少錯」，甚至採取「不主動」。

這位H姓外交官做法很「時潮」。自費製作鋼琴音樂CD，在越南推動CD外交，這種做法聽起來非常新鮮，不僅外交部要獎勵，並且年輕一代外交官也要學習。我說的不是僅這一個CD項目而已，自己動一動腦筋，可以創造出很多CD外交般的「新鮮外交」。

其實，我與H外交官在外交部亞太司二科同事時，就已結下一段緣份。當時他負責新加坡業務，我承辦泰國業務，科長是山東人姓于，與陳水扁執政時期出任外交部長的黃志芳為同期。據悉，于科長後來因巴紐案多少受到波及，升官也拖累，以致烏溜溜的黑髮都已變白。

記得在辦公室，H外交官對我這「老哥」十分敬重。平時遇到「老哥」偶爾發脾氣，他總是像個「彌勒佛」在旁笑臉拍拍我的肩膀說，沒事沒事，明天太陽會照樣升起。有時，他變成「老大哥」輩份，我則降為「小老弟」，我也甘於接受。

兄弟情誼，發自內心。有一年，我計畫出版《英文幽默笑話——外交100分》一書，多年蒐集的「東一塊西一片」稿件，透過他「魔術師」般的鋼琴家手協助，不費太多時日，輕鬆「彈了幾下」就彙整得「井然有序」，讓我儘速送到出版社付梓。他的英文打字速度，恐怕外交部找不到第二人。

不確定是哪一年，外交部上級長官要辦「東南亞地區會報」，指定會議地點是新加坡。好像時間很緊迫，他一人每天默默準備開會資料忙得不可開交。但我沒有看到、也沒有聽到他的一句怨言，甚至也沒開口請求其他同仁幫忙。

星期六上班半天，同事都已下班。我主動留下來，于科長也留下來，三人一直忙著整理星期一要帶上飛機的開會資料，完全沒發覺時光的流逝，從白天到黑夜，再從黑夜變白天。一出外交部西側門，已是星期日凌晨六時。

由此，我與他兩人不知不覺中建立「哥兒們」感情，充分發揮「合作」的力量。亞太司張司長念念不忘上任時對司裡同仁所做的承諾，要舉辦一次包括眷屬在內的「郊遊」活動。于科長、他和我又一次成功攜手完成籌備郊遊活動的任務，讓張司長非常滿意，沒讓他離開亞太司時留下遺憾。

我雖辭去外交工作已逾十年，但從家裡存放的幾張與亞太司全體同仁合照裡，不難拾起兩人的美好往事。

「往事只能回味」，現在活著更重要。那一年，H外交官返國述職，我們幾個人在南昌路路邊攤小聚，我突然發現他有點「發福」，不得不讓我「倚老賣老」說上幾句。

以下是我對他說的話。我說：

雖知道你平時都有練身體，但年輕人「發福」不是好現象。因為你已「立業」，但還沒「成家」，所以還要考慮「成家」時對方開出的「條件」，例如，女方本人或家長會不會對你的「發福」有另類眼光等，這些因素都不能忽視。

話說現代男女晚婚是一個趨勢。但我很羨慕我高中時的一位張姓同學，他高中畢業就和班上熱戀的女同學結婚生子，我還參加過他兒子婚禮。他早婚，多年前就兒孫滿堂，令其他同學「刮目相看」。目前，政府不是用一筆「津貼」鼓勵年輕夫婦努力「生產報國」嗎？

外交官年輕是一大本錢，惟最重要的還是，外交部長官的賞識「目光」。升官不能只靠自己「實力」，有時還要靠長官提攜，機會來就要捉住，否則如果按部就班「排隊」，則出頭機會相對會少。外交部長官不會只看一個人的才華多麼優秀。

我看到一些「突出」外交官。例如，大陸事務委員會主任委員夏立言曾出身蔣孝嚴任外交部次長時之秘書。尤其，我發現歷任外交部長或次長特別「偏愛」選擇有警官背景的外交官做秘書。據悉，這些人具備兩種功能，「保密」與「保身」。

正如國民黨之前推出的總統參選人洪秀柱近日所言，臺灣社會生病了。越來越多誠實、正直的人吃虧，非常不公平。外交部就有不少。「往抽屜裡偷看的人，會試圖從裡面取出點東西，偷竊過一分錢的人，總有一天會再偷一元」，不得不小心防備此等小人。相信，這方面你看的也很多，不必我多說。這是我對你的「肺腑之言」，敬請笑納。

對於你的實力和工作表現，我承認我沒資格作評論。但有一點，我必須要坦白指出，經過多年與你交往，我發現你交的外國朋友不少。這是你的優點之一。有一次你拿給我看一本名冊，都是記載外國朋友的電話、地址等，我告訴你，這些是用錢買不到的「財富」，希望把這「優良傳統」繼續發揚下去。

不知是你學韓國首任女性總統朴槿惠，還是朴槿惠學你。朴槿惠兩年前上臺之後，在媒體曝光她珍藏的一本秘密「小名冊」，是選擇內閣人選時的唯一寶庫。當然也有韓國人批評，內閣名單全靠「口袋」，用人範圍似嫌太小。

對從事外交工作的人來說，沒有朋友就等於沒有外交，人的資源比什麼都重要。你說對嗎？不瞞你說，我在駐泰、駐韓代表處工作期間，親眼看到同仁當中不少搞「內交」的外交官。或許是個性內向，或許是交際費有限，或許是外語能力有問題，只會按時上下班，交際的對象限於辦公室同事、臺商及華僑，沒有結識當地國朋友。不客氣地說，這些人應該在臺灣工作，不適合駐外，以免浪費公帑。

也許我有跟你提過，育達商職創辦人王廣亞先生與我的一段緣份。他老人家非常了不起，算是臺灣「國民外交先驅」。想當年，臺韓私校間締結姊妹，他充當「月下老人」促成的姊妹校數字可觀。他的這份功勞被韓國政府肯定，獲得全斗煥總統親自頒授的勳章。

他送我的一幅書法，掛在我家客廳，每天欣賞。這些話都是在惕勵年輕人，或許對我這LKK來講已太晚了，但我覺得在人生旅途上，我們倆都需要時時放在心裡銘記：

成功的條件
勤儉樸實、自力更生；
公正果敢、謙和坦誠；
禮讓守信、知己識人；

樂觀創造、持志有恆。

失敗的因素

懶惰奢侈、依賴等待；

偏私寡斷、傲慢狂妄；

猶豫因循、消極守舊；

自欺愚昧、虛偽輕諾。

另一則笑話〈噪音與外交官〉，希望你在公餘讀了，或許可以舒緩工作上的壓力：

一位駐莫斯科的西方外交官寫信給著名神經精神科醫師：「我最近不能入睡，莫斯科是一個噪音嚴重的都市。我寫信給蘇聯當局要求提供其他地方居住，但不被接受。因噪音長期無法睡眠，讓我憂心忡忡，不僅吃藥無效，醫生也換來換去。」

醫師博士回信給這位大使：「您不能入睡不是因噪音問題，而是噪音造成您生氣的原因。」

約一年之後，醫師收到大使鄭重感謝信函：「收到您的來信後，起初感到忿怒，因為您把我當成笨蛋。但隨後我的心逐漸安定之後，發覺我不僅對噪音，也對蘇聯政府發火。若是無法避免的噪音，倒不如由我逆來順受，現在我可以好好的睡覺了。」

此事也告訴我們外交官，無論在C級或D級地區國家服務，你改變不了惡劣環境，只有你改變自己，去適應環境才是生存之道。正如二〇一四年二月四日《中央社》〈外交官非洲歲月嗑上千罐頭〉一文，現任海地大使黃再求最難忘的記憶是罐頭、瘧疾及顏面神經失調等，即是明證。

以上，請年輕外交官和有志報考外交官的人參考指教。

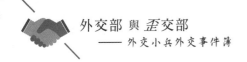

三 夫人外交

那是我一生中最寶貴也是最值得懷念的日子，
亦是外子與我共渡最忙碌、最有意義的人生一段美好時光。
——楊梁鴻英《折衝樽俎話當年》

對馬英九總統夫人周美青的印象，大部分國人都停留在她喜歡下鄉給小朋友講故事及參加國慶典禮和酒會，鮮少有人瞭解總統夫人從事外交活動的種種。二〇一五年五月二十六日《中國時報》專欄《莫忘來時路》一則專題：〈周美青外交處女秀〉一文頗引人注目。簡錄如下：

二〇〇九年五月二十六日馬總統啟動元首出訪「久睦專案」，前往中美洲三國敦睦邦誼。第一夫人周美青首次陪同出訪，表現亮眼，且創下中華民國史上第一夫人的多項第一。一、不戴珠寶；二、不穿旗袍；三、到邦交國穿當地服裝以示尊重；四、親自上臺表演。這都是以前隨行出訪的第一夫人從未有過的舉止，讓人留下深刻印象。

關懷弱勢兒童、到偏鄉為兒童說故事的親民風格。

古今中外全球的第一夫人，沒有人會簡樸隨性到這種程度。其實，第一夫人或女元首出訪，其穿著是展現本國服裝設計軟實力及文化品味的大好機會，過度簡樸隨性與豪奢爭奇鬥豔，都不足取。

從以上，一眼就可解讀該文「先褒後貶」意味頗重。因為馬總統執政近八年當中，國人平時很難看到總統夫人身影，只在雙十國慶大典和酒會才能一睹「廬山真面目」而已。我相信很多臺灣外交官夫人讀了這篇文章會有一種「另類」想法。

一般外交禮儀而言，女性有化妝，就會配戴一些耳環等。中華民國外交官夫人多半穿旗袍出席典禮、酒會等。至於去當地國家為討好或尊重，改換穿當地服裝，端視場面與氛圍而定，應無脫離外交禮儀規範。

記得我曾在雙月刊《僑協雜誌》上寫過一篇短文批評馬總統與夫人喜歡穿牛仔褲在廣大民眾面前亮相，非常不得體。尤其，有一次看到馬總統穿牛仔褲與星雲法師的合照，實在不禮貌，讓我無法恭維。

韓國國立首爾大學生活科學學院消費者學系教授金蘭道在其名著《要被搖擺一千次才算成人》一書〈他人的眼睛〉一文中指出：「他們一家人曾居住美國兩次後回韓定居。有一天，太太忙著化妝要去兒子學校，問她為何在美國不打扮，在韓國卻這麼認真擦粉。」太太回答很簡單：「這裡看的眼睛多啊。」

金教授起初認為很奇怪，怎麼美國人的眼睛不是用來看的？只有韓國人的眼睛是用來看的。其實，他發現自己也變了。在美國，從不管兒子的頭髮模樣，但現在不時向兒子嘮叨：「頭髮像什麼樣子！不覺丟臉嗎？」

韓國自誇是東方禮儀之國，難道臺灣不是嗎？總統和夫人也不能把臺灣當成美國，在公開場合隨意穿著，變成笑柄。在總統府內辦公或接見貴賓時穿西裝，在外或週末就穿牛仔褲，有點太「西化」了吧。

外交官夫人可就不一樣了。可以說一年三百六十五天都在做外交工作，配合外交官先生在各種公開場合「演出」不同角色，為了化妝、穿著非常辛苦。除非在自己家裡，沒有訪客時，或出外購物或從事旅遊時，可以輕裝便服。

雅號「非洲先生」的楊西崑大使夫人楊粱鴻英女士的「夫人外交」，可圈可點，值得今日外交官夫人們學習。楊大使夫人大作《折衝樽俎話當年——南非回憶錄》一書中的活生生實例都是最佳典範。

楊夫人為加拿大華僑，自幼受的是英語教育，英語流暢。她又是中醫師，也是企業家，出手大方，不必為「存錢」煩惱。她在南非交遊廣泛，上自總統夫人，下至餐廳廚師。她的興趣也很多，包括烹調、插花、庭院設計及服裝等，好像這些興趣是「一朵花」，朋友是「蝴蝶」，許多朋友都樂意飛進她的「花心」裡。

她自掏腰包捐贈五百美元給南非癌症基金會外，以高明中醫專長為南非友人治病，博得尊敬與友誼。從事「醫藥外交」，除非外交官夫人具備這方面條件，否則不是人人都能勝任的工作。

誠如楊夫人所說：「……因為假如做為一個執業醫生，當病人來求診時，你不管治療結果如何，你不能也不便拒絕。但我則可選擇性幫忙。當然假如我沒有百分之九十以上治癒的把握，我不會去嘗試替人治療。因為做為一個大使太太，是個外交官的妻子，沒有把握我不必去多管閒事。外子常說我們在國外，不但代表自己，也代表了國家。因這與大使館聲譽有關，在這方面我非常小心行事。」

楊夫人在南非十年期間，「醫藥外交」事例不勝枚舉，連她自己也數不清。她書中的一段「飛機上救人記」頗與我的一次親身經驗類似，在此不得不提。有一次，她返臺兩週後回南非，搭乘南非航空從臺北飛往約翰尼斯堡的途中，突然聽到重複廣播：Looking for medical Doctor！

身為醫師的楊夫人當然按捺不住，起身從前艙走到後面，向空服人員問個清楚。結果是一位中年胖夫人在洗手間跌倒後，由空服人員扶起躺在床上，臉色蒼白。經楊夫人把脈、打針及指壓後約半小時，患者業已復原。

事後約過了一個月左右，楊夫人收到南非航空公司醫療部門的一封正式謝函。她十分珍惜這封謝函，如今楊大使逝世多年，可是當時的情景，仍清晰留在楊夫人腦海久久難忘。

我的「救人記」也很特別。

記得我在駐泰國代表處服務時，有一次返臺辦完事後要回曼谷，在桃園國際機場免稅品區域巧遇自美國經過臺灣返回泰國的醫師、前任外長、國會議員葛賽 (Dr. Krasae Chanawongse)。相互寒暄後，得知我與他剛好搭長榮航空同一班飛機。飛機起飛約半小時，機內突然廣播找醫生，並看到空姐們在走道上東張西望問旅客是不是醫師。我靈機一動，帶着空姐去商務艙找到葛賽外長請求他協助。他走到患者身旁用聽診器查看病情後，從機上備有的急救箱裡拿出藥給患者服用沒多久，患者恢復清醒。

原來這位臺灣某家旅行社領隊，前晚喝了酒，加上睡眠不足，身體極度勞累。上了飛機後暈倒，無法控制自己尿液。要帶三十幾位旅客到泰國旅遊的領隊，自己未能照顧好自己身體，如何去帶領一個旅行團呢？該名領隊不盡責應該受到旅行社之嚴厲處罰。

泰國《世界日報》刊出此條新聞後不久，我接獲長榮航空公司寄來的一封謝函。我雖不是醫師，但我居間扮演了一次很重要的橋樑。這種救人小事是不是外交範疇，恐怕要請立法委員質詢外交部長，或許可能得到答案。

聽說，在美國曾有一段有關臺灣外交官夫人的醜聞，至今在外交圈還被人津津樂道。一位高級主管的夫人因個人有緊急要事趕回臺灣，持用美國護照至機場航空公司櫃臺辦理手續，被櫃臺服務人員發現她是當地中華民國重要主管之夫人，認為此舉非常不當，把護照影印存底。

中華民國護照不好用？還是要炫耀自己擁有一本美國護照？在旁目睹此景的一位僑胞不禁要問這位主管：「你有資格在廣大僑胞聚會場所大膽呼籲僑胞愛國嗎？」不僅丟盡外交官的臉，並且國家名譽也掃地。所幸，時代不同了，現在不會再出現這種人了。

如果說，外交官先生是「右手」，夫人的角色就是「左手」。我們不是常說「夫唱婦隨」嗎？左右手合用，才能發揮外交力量。楊大使夫人在非洲十年期間，與楊大使成功搭配外交活動，功不可沒。

我前後在駐釜山領事館、駐泰代表處及駐韓代表處所見所聞的「夫人外交」，不僅沒有像楊大使夫人般「多彩多姿」，交遊廣闊，英語演講，設計庭院，醫療治病等，只看到外交官夫人參加三八婦女節活動而已。

更糟透的是，有的外交官夫人不喜歡韓國，長年待在臺北或照顧年邁父母；夫人即使喜歡韓國，但因個人工作關係無法與先生一起同居，韓、美兩地相隔，眷屬津貼照領。只愛存錢和玩股票就好，哪裡有「夫人外交」可談？

在女性總統來臨之際，今後外交部不但要加強「夫人外交」之功能，而且刻不容緩。

四 「拍馬屁」萬歲！

上帝也有人的脾氣，知道了有權力就喜歡濫使。他想索性把黑暗全部驅除，瞧它聽不聽命令。

——錢鍾書《人・獸・鬼》

中華民國政府各部門，各自都有長久留下來的「辦公室文化」與「拍馬屁文化」，各有各的官場特色。外交部當然也不例外，說不定還可能「獨樹一幟」，讓其他部會「羨慕」。

我剛進外交部時，有些事不僅很陌生，而且感覺很「官僚」。簡單的事例如：「科長」偏偏要說「科座」、「專員」叫「專座」、「秘書」要說「秘座」等，「座」呀「公」啊叫不完。雖然在大環境感染下，必須「入境隨俗」，但憑良心說，說這種話的人，不知有多少人是發自內心？不無疑問。

但有些人為了升官或其他目的，這方面的功夫達到「玉山最高峰」。我在外交部領事事務局第三組（文件證明）服務時，遇到的這位K姓長官「拍馬屁」表現特優，他作的詞成為「不朽名作」，流芳百世。

題為：無題有心。曲：Scotch Air，詞：外交領務人。茲將四段歌詞全部抄錄以下，請大家慢慢欣賞外交部的特殊「拍馬屁文化」，歌詞酷似頌讚蔣介石的「蔣公紀念歌」：

有恩之帥，我要致敬，點滴在我心頭；
有德之師，我懷景仰，點滴在我心頭；
有情之友，我常感念，點滴在我心頭。

方慶再麾，又頌遠程，祝賀之誠何宣。
微言大義，信心乃建，得教更添友諒。
一曲縈夢，萬脈掬人，每思益增蘭祝。

不是歡送，乃要感激，喜沐巨帥之恩；
不願道別，乃盼重逢，喜沐良師之德；
不說再見，乃存常念，喜沐益友之情。

崇仰無既，恩懷一世，您是宏恩之帥。
崇仰無既，意敬無量，您是大德之師。

崇仰無既，情重萬千，您是豪情之友。

——中華民國八十九年五月十日外交部領事事務局全體同仁向程部長伉儷獻唱

從以上，我們不難猜想幾個問題：

一、作詞的人絕對不叫「外交領務人」，應該是K長官本人。

二、K長官好像與程建人部長夫婦關係不「平凡」，似乎可與「施與受」連接。

三、歌詞中凸顯程建人與何友蘭兩位夫妻大名，足可見K長官的用心良苦。

四、K長官無法避免「公器私用」之嫌，出賣「外交部領事事務局全體同仁」。至少不該把我這不認同的人也混進去。

五、我很想知道這份歌詞，程部長是存放在家裡的「金庫」？還是早已丟進垃圾筒？至今我還保留此歌詞為歷史見證，並給愛拍馬屁的外交官迎頭痛擊。

外交部「拍馬屁文化」盛行。民進黨執政時期，曾以一句「LP」形容新加坡而成名的陳姓部長，老家是臺南。有一年，外交部外講所首次在臺南為一些接觸國際事務的官員舉辦一次講習會（研討會）。聽說，「鄉下」官員對講習會根本沒興趣，有人還在課堂睡覺。花錢得到的效果卻有限，議論紛紛。

我則因拒絕配合他們赴臺南演出，結果年終考績被打成七十九分，我心甘情願接受。L所長特別為此事，還把我叫到他辦公室談。他問我對考績有何意見？我簡單回說：沒意見。那天，他把房間燈光微調，讓我看不到他的表情。至今，我想不通他的這種「不光明」做法。

據說，這是L所長和H副所長二人合作的「作品」。為何不在臺北市等與國外接觸頻繁的大都會舉辦？一定要選擇在臺南舉行？當然是要拍陳部長的馬屁。當時，L所長屆齡退休，想派外去做「特任」大使或代表，後來好像結局是「事與願違」。

外交部這種拍馬屁文化實在跟不上時代變化。

有一則韓國的拍馬屁笑話頗有參考價值。一九五〇年代，李承晚總統執政時期，幕僚人員聽到李總統的放屁聲音，馬上就要說：「閣下！一定好舒服吧！」

到了一九七〇年代，幕僚人員遇到朴正熙總統放屁，改口說：「閣下！請再來一個吧！」一九八〇年代，全斗煥總統掌權時，幕僚人員聽到全斗煥放屁聲，就必須說：「閣下！對不起，是我放的。」

一九九〇年代，由金泳三文人總統執政後，幕僚人員會大膽地說：「閣下！我們也要放一個。」以上政治笑話清楚說明，南韓從威權政治時代變遷至民主化時代的過程。相較之下，可惜，臺灣外交部的「民主化」腳步太慢了！

外放也要靠「關係」，尤其是外交官想去美國等所謂的A地區工作。有一次，C同仁為了外放，找了一位父親生前的好朋友、資深立委寫了一封一般俗稱的「八行書」（請託信）給錢部長。

萬萬沒料到，這封信被立法院攝影記者「偷拍」，登上一家晚報。C同仁緊張萬分，趕快撰寫一份報告呈給上級長官澄清，此事總算滅火。但人事處檔案記錄則無法消除C同仁的這項「前科」，日後升官受到一定影響。

一年一度的「考績學問」更多。C同仁的「歪腦筋」更令人「佩服」不已。好像是在某年十二月底，外交部各單位主管科長要打考績分數之際，他約我去科長家裡拜訪。原先我有點不習慣，但他算是我的「前輩」，先進外交部，況且長我一歲。我決定「從命」行事。

那天，當然兩人各自準備了一份禮物去。後來，果真有效果。那年，他和我的考績都是「甲等」。我要感謝他給我出了這我從未試用過的「特效藥」，也是人生最後一次。因我的個性不容許我為年終考績分數走「後門」。

我在駐泰國代表處服務五年餘，前任館長姓劉，後任代表姓許，兩位雖個性不同，但他們打部屬考績完全看工作表現，非常公正。我沒有任何理由去批評他們。譬如說，劉代表認為，我處理泰勞簽證任勞任怨，也沒出過什麼差錯。

劉代表作風公私分明。他邀部屬吃飯，一定先讓你知道這場餐會是僑領請客，還是劉代表作東。若是他請客，也會說明白是用公家錢，還是出自他私人腰包。吃起來，讓部屬沒壓力、很舒服。

許代表或許因留學德國關係，表現非常剛直。推動一件事要求部屬一定要「完成使命」。忘記是那一年，在泰國舉辦ASEM（亞歐高峰會議），許代表要我蒐集會議資料呈報外交部，他甚至要求我在開會飯店住宿或打扮成清潔工混進會場，初聽起來會有「誤會」，但我喜歡這種達成任務的使命。

我從簽證組來政務組工作，是我主動向許代表「毛遂自薦」，是我表現自己能力的好機會。我動員平時相交的朋友協助，包括泰國外交部官員、韓國媒體駐泰記者等。上天不負有心人，後來由日本讀賣新聞駐泰特派員協助取得資料報部。

外交官都知道，在外交部基本上考績要好，不僅加發一個月薪水，還有機會升等。因此，少數「惡霸」長官利用考績分數惡整部屬，就像北韓金正恩要殺誰就殺誰一樣，簡直霸權，我敢說，這種人不會得到部屬或同仁之尊敬。

我遇到的Y領事和L代表就是這種類型，完全以個人的「喜好」與「恩怨」，不是依部屬的具體工作表現來打分。我的考績分數被他們打成七十九和七十八。我可以告訴他們二人：

「你可以害人一時，但你的良心會一輩子受到譴責。」

對於這種沒良心的長官，有指揮與監督權的外交部卻束手無策。但老天有眼，善有善報，惡有惡報，不是不報，只是時機未到。Believe it or not.

五　外交部擅長「老王賣瓜」

所有慾與利害成正比，這不僅是個人，國家關係也如此。我們隨時目睹昨日盟邦今天成敵對，相互喊殺的國家交換親善使節的事例。

——韓．法頂大師《無所有》

如同前外交部長連戰所言「一日外交人、終生外交人」般，我平時閱讀報紙時，眼睛會特別注意與外交部或外交官有關的新聞。這就好比嫁出去的女兒般，總是時時牽掛娘家父母、兄妹是否「萬事泰安」。

時常拜讀各報批判外交部的新聞以及讀者投書，還有外交部的回應，總覺得外交部的回應常是一副威權時代宣傳教化的口吻，往往言不及義，非但無法釋疑，更令人覺得讀者的批判言之成理，罵得痛快。

老實說，我不知道政府其他單位如何，但就我在外交部服務十六年經驗，我敢說，外交部的官僚政治很可笑，再加上可恥。這可能要從我的一件實例說起。

當李某發現在外交部《外交改革論壇》及漢城華僑協會網路貼文陸續出現批評他的文章後，即就地在首爾地方警察廳告發「姓名不詳者」計有五件。其實，韓警方偵訊筆錄清楚寫著是「劉順達」。後來，全被韓檢察廳駁回或不起訴處分在案。李某心有不甘，再轉向臺灣臺北地方法院檢察署提告，但這回卻指名道姓是告我「劉順達」。

我發現李某提出的三份首爾地方警察廳韓文文件及其中譯文十分可疑。因我以韓文專長進入外交部，又是總統傳譯，可以說韓文「精通」。李某巧妙利用臺灣檢察官和法官不諳韓文的盲點，耍詐、欺騙，可惜騙不了我這抓毒犯的眼睛。

我去函向首爾地方警察廳查證結果，不出我所料，回覆至為清楚：「第一份文件，承辦人嚴英保證稱沒有製作該文的事實，文中所蓋圖章，也與平日他在警廳使用的圖章不同。第二和第三份文件，則因時日稍久，嚴英保說他沒有記憶。」最令我興奮的是，韓警廳還主動告訴我，在該廳檔案室裡沒有以上文件。

李某真是「膽大包天」，偷天換日。明明是他個人告我，不是駐韓代表處，他卻利用駐韓代表職權使用公家名義將上述韓警廳檔案室沒有的文件發函給臺北地檢署、法務部調查局、警政署刑事警察局等，據此調查，意圖告訴國內這些單位說這一切是「駐韓代表處」在「證實」，並非是我李某個人主張，掩飾得非常成功。怪不得他向外交部要了幾萬美金和旅韓華僑打官司，也來這一套。

記得李某太太劉女士說的一句話具有深刻意義。有一年教育部派她至駐美國工作前，向行政院長李煥等老長官辭行時坦言：「某某（指他先生名字）脾氣不好，經常得罪很多人。」真是「知其夫莫如其婦」，一語道破李某的這張嘴臉。

上述三份首爾地方警察廳韓文文件及其中譯文，李某「濫權」以「駐韓代表處」名義發文，並證實中譯文係經該處翻譯。公文與驗證完全「風馬牛不相及」，李某也據此蒙騙地檢署和法院主張已經駐韓代表處驗證（認證）在案。

我出身外交部領事事務局第三組（文件證明），當然知道李某耍詐欺。所以我寫信向「駐韓代表處」的上級單位外交部陳情查證：「第一，三份文件及其中譯文是否屬實及正確；第二，三份文件及其中譯文是否經過駐韓代表處驗證（認證）。」

不料，外交部卻抬出行政院及所屬機關處理人民陳情案件要點第二條規定：「……人民陳情案件係指人民對於行政興革之建議、行政法令之查詢、行政違失之舉發或行政上權益之維護……」一來拒絕回覆人民之陳情，並要求我依原法定程序逕洽法院辦理。

我對外交部的回覆不服，即依法向行政院提起訴願，再由外交部提出訴願答辯書。該答辯書略稱：「……以適當方式查證後予以驗證……」等語。

什麼叫「以適當方式」？不敢說出真相，巧妙迴避我的關鍵性問題，即韓文內容譯成中文是否文義相符？三份文件有無經過驗證？不敢面對失誤認錯，完全逃避責任。正如趙主任指責外交部「官僚政治」。

為了證明外交部說謊，我不得不控告當時駐韓代表處領務組承辦人趙某，希望透過他的嘴親口說出真實。承辦驗證的這位趙姓外交部官員在檢察官面前先是「支支吾吾」不敢吐實，後來終於坦承渠完全不諳韓文，因此交由一名當地李姓雇員審核、蓋章，他只負責簽名。

部分真相出爐，外交部答辯書內容已被趙員完全戳破。現在不敢回覆我的陳情，惟恐「適當方式」揭穿，打自己嘴巴，進而「打臉」行政院「官官相護」。我發現這個政府從上至下，全都在說謊，我給馬政府冠上「謊話連篇」政府，應該「實至名歸」。

官司進行中，不幸，被評為「職場完美主義者」趙員已於二〇一五年一月六日選擇在家上吊自殺，不知真正死因。我又依據此「證據」，於四月七日向行政院提出訴願狀（趙某某以「上吊自殺」戳破外交部瞞上欺下答辯書之不實），結果行政院和外交部不理不睬，把人民當成白痴，奢談正面回應。

問題是，外交部這種惡習還在持續。

不久前駐越南代表處發生蕭姓外交人員賣簽證，其實也包括假學歷文件驗證問題。該名外交官如同趙員不懂韓文般也不懂越文，讓他如何審核越文與其中譯文正確無誤？把不懂韓文與越文的外交官放到韓國與越南，難道外交部不該檢討這種人事制度嗎？

無論是李某或越南的人蛇集團欺騙手法如出一轍。就是利用趙員和蕭員不懂當地語文之盲點，施行詐術。我曾得罪一位同仁就是一個很好的例子。他拿了一件結業證書（類似大學為在職人員舉辦的短期MBA課程）要辦理驗證，我發現他把韓文「口試」中文譯成「筆試」，被我改正。「口試」與「筆試」雖差一個字，但意思完全不同。

連續出事後，外交部長林永樂才對外說明：「加強監管外館」（二〇一四年一月十二日中央社報導）。林部長接受《中央社》訪問時表示：「……發生這類事件確實要檢討，會發文給所有駐外同仁，要求身為公務員務必奉公守法，並加強監管外館同仁，特別是跟民眾有接觸的業務，例如簽證、文件驗證業務……」謊話、廢話連篇，又在「老王賣瓜」，這就是馬政府近八年的政績。

馬英九總統說得多漂亮：「政府是一體的，面對民眾質疑有責任、義務說清楚。」行政院長毛治國一上臺就指示各部會：「今後施政要誠實對待民眾。」這種話是說給老百姓聽的嗎？哪個政府單位會「鳥」你們的話？就像是「放臭屁」。

從馬政府處理黑心油、洪仲丘、太陽花學運及課綱微調及最近的「登革熱」疫情等一連串事件來看，一般人民評價這個政府無能。尤其，嚴重的問題是，就像外交部一樣，政府各部門也都擅長「睜眼說瞎話」。

說老實話，很多人早已嗅出，馬英九私心很重，只顧自己的歷史定位。就以「久揚之旅」

為例，表面上是訪問中南美洲三個友邦國，骨子裡是訪問馬的母校哈佛大學，發表演講，吹噓兩岸和平、活絡外交等，讓老美鼓掌，企圖學習南韓金大中般一心想獲得諾貝爾和平獎。

我的結論很簡單。一個不誠實的政府，終會被人民唾棄。

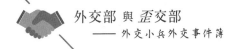

六　外交官上吊之謎

破舊的皮鞋憐憫濕透的腳，
濕透的腳憐惜漏水的皮鞋。
——韓・劉熙潤《下雨天》

「外交官上吊」一事上了媒體新聞版。朋友知道我也是外交官出身，所以好奇的問我：「外交官為何會上吊？是感情因素？還是金錢問題？」說實話，我沒辦法也沒資格回答這些問題。於是，我只好去找資料翻閱。

這份資料對外交官來說很珍貴。資深外交官劉達人大使有過三次想自殺的經驗，乍聽雖有點恐怖，但他不是為「私事」，都是為「國事」。這種崇高「愛國」心境，確實令我這後輩肅然起敬。

第一次，是中（臺）法斷交時，當時他任外交部歐洲司副司長。因為邦交國突然與我斷交，責任心使然，想要自殺。

第二次，是他於外交部總務司司長任內，蓋好了現在的外交部大樓，但是被外交部部內同事質疑無發生火災時的逃生設備，加上臺北市政府又不准改建大樓，讓他難過得想自殺。

第三次，是在與中共搞非洲的外交鬥爭，因為情勢不利於我方，心情沮喪之際，才想到要自殺。

現在的外交官恐怕像劉大使這樣為國家「企圖自殺」的人少之又少。就舉一個最近例子來說，與劉大使以「國家為重」形成強烈對比，值得探究。

《中國時報》二〇一五年一月七日報導，外交部雲嘉南辦事處副主任趙某某於本年一月六日凌晨在住宅臥房上吊自殺，未留遺書。外交部長林永樂和外交部同仁對充滿熱忱與奉獻精神的這位外交官離奇死亡咸感驚訝並表哀悼。惟迄今真正死因不明，就因這個原因，也留下諸多讓人「想入非非」的空間。

其實，六日晚上我接到朋友電話才知道這不幸惡耗，原來《聯合晚報》已有報導此新聞。我不得不於第二天早上去買了幾份報紙閱讀並確認此事。其中，《中國時報》標題很吸引我：

〈「職場完美主義者」外交官上吊亡〉。

我很納悶為什麼一位「職場完美主義者」會選擇上吊方式結束自己寶貴的生命？仔細看了一下內文，原來深感惋惜與不捨的人不僅我一人。與趙員前在駐韓代表處，後在雲嘉南辦事處兩度結為「上司與部屬」關係的梁處長說：趙員是「無可救藥的完美主義者」，做事相當細心，如裁剪護照時，小紙屑沾到護照上，使膠膜黏上塵埃，就被趙員要求需重貼。

梁處長進一步猜測趙的死因是，自我期許甚深，壓力未抒發，積勞成疾，才提早結束生命。另據外交部同仁告訴我，趙員在外交部人緣也很好，參加外交部籃球社，並創立法輪功社，實在想不通到底什麼原因讓他走向絕路。

我曾與趙員在外交部領事事務局共事一段時間，他在第一組負責國人護照審核、製發，我則在第三組承辦文件證明業務。兩人沒有私誼。記得有一天他來我辦公室邀我參加由他創設的法輪功社，當時我因接獲外放駐韓國代表處人事令而未能加入。

其間，我根本不知道趙員曾派駐韓國代表處工作，因為他是考英文進入外交部，完全不懂韓文。當然，這種情況在外交部很平常，沒什麼大驚小怪的。但不幸事件既然發生了，外交部就必須要嚴肅檢討與改進，趙員未能勝任審核韓文與中譯文正確與否業務問題之所在。

趙員在駐韓代表處領務組任副組長一職時，曾受理前駐韓李代表為提交我檢方與法院訴訟用所需之資料，託人辦理數件文件證明（包括韓文譯成中文）。甚至，趙員在檢察官面前承認曾接獲李前代表之「電話與傳真，請他『放心』驗證」。

以常識來判斷，如果是「正常」文件，還需要李前代表親自出面又打電話又傳真給趙員，並要求趙員「放心」驗證嗎？箇中必有蹊蹺。萬一一般民眾辦理文件驗證也要向駐外館處或外交部承辦人員打電話又傳真拜託，這是正常程序嗎？會不會導致「天下大亂」？

李前代表此舉有特殊目的。他深知我檢察官和法官不懂韓文之盲點，就在中譯文動手腳並打通趙員這一關，順利辦妥文件證明，拿到國內訴訟之用。可惜，他能騙臺灣檢察官和法官，但騙不了我這「文件證明」出身的「專家」。我發現駐韓代表處驗證之韓文（原文）與中譯本內容出入很大，根本不該受理和驗證。

我曾在外交部領事事務局第三組文件證明小組擔任小組長時，曾負責此項業務，可以說很熟悉。尤其我的專業是韓文，在亞太司承辦韓國業務時，擔任過蔣經國、李登輝兩位總統之韓文傳譯，我的韓文水準應該「沒問題」。

趙員驗證「不實文件」已明顯違法，但外交部一味推卸責任，更可惡。我原先希望外交部對於我提出之質疑，例如對李某提交我檢方與法院經趙簽字蓋章驗證之韓國警方文件是否屬實及其中譯文正確等，理應簡單給予回覆。外交部不僅未依法辦理人民陳情，反而要我轉個大彎去逕洽法院，簡直沒道理。

外交部欺人太甚，我依法不得不向上級單位行政院提出訴願狀，一五一十將外交部的違失列出，企盼能得到一個公平、公正的處理。外交部撰寫的答辯書巧妙迴避核心問題不答，只一再回覆一句「依法審核辦理」。

對於我提出的質疑：「一、趙員完全不諳韓文，如何核對韓文與中譯文相符？二、首爾地方警察廳三份文件是否屬實及其中譯文是否正確？三、當地雇員李小姐依法有無資格審核文件？」外交部統統不敢正面回答。

外館辦理文件證明，業務主管部門明明是外交部，為什麼要我去洽司法單位辦理？為什麼不敢直接回覆我？就是因為外交部已發現諸多違失與瑕疵，所以不敢依據現成的證據「實話實說」，做出正面交代，才逼我去控告實際驗證承辦人趙員，盼望他能講出為何驗證這些「偽造文件」之經過。

約於兩年前，我向臺北地檢署遞狀控告李前代表和趙員在駐韓代表處領務組服務期間涉嫌驗證偽造文書。於去年四月在地檢署出庭時見過趙員一次，也是最後一次。他點頭向我示意，但我沒理會他。或許我的「冷酷」，帶給他某種人格「羞辱」。我承認這是我的錯，應向他表示道歉。

我對趙員採取這種態度不是沒有原因。

先前他在地檢署的「表現」激怒了我。第一次他向檢察官坦承：「第一、確實接到李前代表電話與傳真；第二、他完全不諳韓文；第三、李前代表未向他施壓等。」但始終不肯說出違失實情。

第二次才在檢察官面前稍微向前一步說出，因他不懂韓文，因此交由雇員李小姐核對韓文與中譯文是否正確。這次證詞好像把驗證錯誤完全推給雇員，只想為自己脫罪。

本案經過兩次不起訴，兩次再議，已進入「第三回」戰。我只希望趙員吐露更多一點真相，沒料到，如今他已悄悄走了，留給我的只有感嘆與失望。我想告訴他，如果外交部誠實回覆了，我就不會提出控告。

趙員才五十出頭，已是簡任官，不久就可擔任外交部各司、處長及外館的大使或代表。一位「職場完美主義者」，堪稱一位優秀外交官，為何輕易選擇自殺？私下請託趙員的李前代表和外交部難道一點責任都沒有嗎？這個政府病得實在太嚴重了。

我認為，外交部對待此事的態度很有問題。迄今外交部不僅對錯誤的驗證不否認，也不認錯，並且對趙員證詞「因他不懂韓文，因此交由雇員李小姐核對韓文與中譯文是否正確」不敢澄清或反駁，顯然外交部已承認違法、違失事實存在。

甚至，對於我向監察院、林立委提出的陳情案，一致採取「已答覆在案」推卸，不敢進一步提出說明。外交部清楚知道，監察院、林立委不會繼續追蹤本案，所以簡單「敷衍了事」。不僅眼中沒有監察院、林立委之存在，並且不肯出面解決問題，加深人民對馬政府之不滿與對立。

在此，我敢大膽指稱，李前代表和外交部是「冤死」一位優秀外交官的「共犯」。趙員雖已上吊身亡，但留下諸多迷惑，我鄭重籲請新政府上任後，必須重新調查本案，不要再讓人民開車去撞總統府或中興寓所。

一般來說，自古至今，一個人的死可分為重如泰山或輕如鴻毛。為本案我也曾幾次想以跳樓自殺方式抗議這不公、不義政府，但為了追求真相，我收回自殺念頭，以更堅強信心繼續奮鬥下去。請趙兄在黃泉之下有知，我不會讓你就這樣白白「輕如鴻毛」死去。

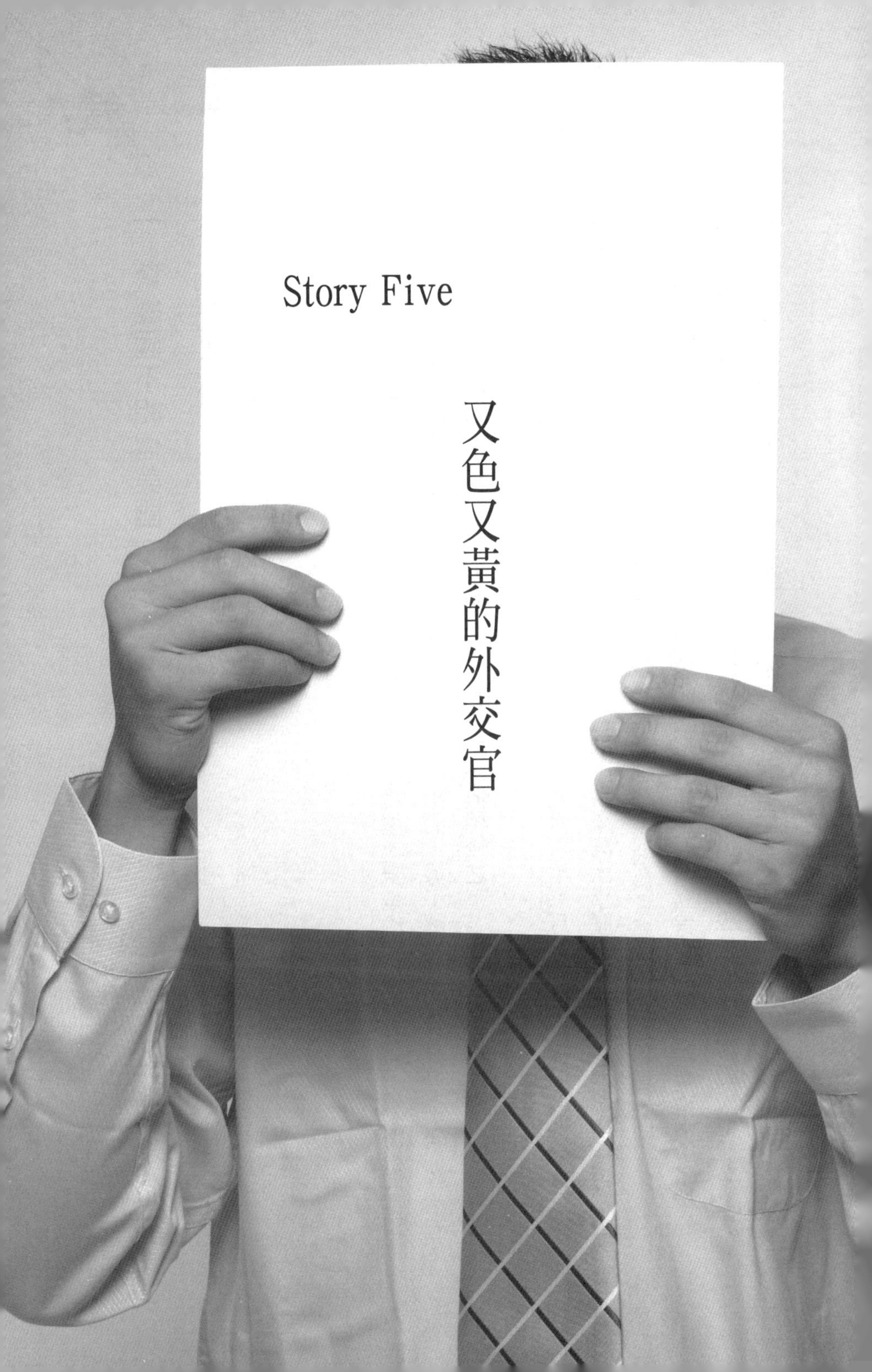
Story Five
又色又黃的外交官

蔣經國不相信美國？

翻譯有三要：
信、達、雅。
——清・嚴復

在臺灣，英語口譯高手，大家耳熟能詳的人名是錢復、宋楚瑜及馬英九等，曾經常從電視看到他們西裝筆挺的坐在兩蔣的後面擔任翻譯工作的畫面。據了解，臺灣受過日本殖民統治五十年，日語人才頗多，自然口譯方面的人才也不缺。但相較之下，從事韓語傳譯的人好像寥寥無幾，對外也沒什麼「知名度」。

惟韓語傳譯人員當中不能不提這號前輩人物。一九六六年二月十五日大韓民國總統朴正熙伉儷應中華民國總統蔣介石邀請來訪，外交部特別商請臺灣大學歷史系教授孫啟瑞擔任總統口譯。當時外交部亞太司派的韓語傳譯人員張金宮（已故），則負責總統夫人的翻譯。

孫教授祖籍山東（韓國華僑），畢業於韓國京畿高中與國立首爾大學，光看這兩所學校的名稱，韓國人都會共認是一流學府，一般韓國人都不易進去讀的學校，不可否認，他擁有足夠響亮的學歷。加之，他不僅人長得帥，也頗「能言善道」，堪稱「四海派」。

當時，孫教授能擔任老總統的翻譯，不僅是他個人的無限光榮，自然也提高了他在臺、韓兩國的聲望。據悉，這場翻譯工作讓他成為大韓航空公司的終身顧問，此後享受免費搭乘韓航的優待。這是孫教授的福氣，令人稱羨。

記得我給臺灣大官做傳譯時的興奮、緊張往事，也讓我回味無窮。

先說一場歷史性的演出是，擔任已故蔣總統經國先生之傳譯。地點在三軍軍官俱樂部，時間大約於一九七九年十月二十六日南韓總統朴正熙遇刺身亡之後，南韓政府密派特使統一部次官（次長）董薰來臺向我政府說明「朴正熙遇刺」經緯，直接面報蔣總統。

蔣總統一人坐在套有白色椅背的一張長沙發，室內照明不亮，似經特意安排。蔣總統聲音特別微小，幾乎讓我這傳譯聽不清楚。邊聽董次長述說，邊細聲回應「好、好」而已。最後，蔣經國只問了一個問題，可能也是我方最關切的事項：「美國CIA有無介入？」董次長當場堅決否認美國介入之說。

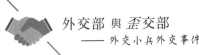

雖是一場短暫的密會，卻給我留下一次深刻的記憶。儘管韓方密使雖極力否認暗殺朴正熙係美國CIA幕後操縱，但我的印象裡，蔣經國還是懷疑朴正熙遇刺是美國介入。不管真相如何，歷史事件總是讓後人說不完。

對於朴正熙遇刺意外身亡事件，至今南韓、美國雖仍有很多揣測，但南韓的調查報告顯示，當時的主犯中央情報部長金載圭一手策劃行兇，純粹是金載圭個人的幻想，趁韓國內部慌亂之際，欲由自己出任總統。

談起金載圭，與我也有一面之緣。

金載圭曾以南韓建設部長官（部長）身分訪臺，我以中國廣播公司海外部韓語節目編譯至松山機場貴賓室採訪他訪臺觀感等。他給我的印象，像是「普通百姓」或「鄉下人」，不會幹出這種「大事」。

無論如何，當年我能擔任這場密會的傳譯，忝為重要歷史的見證人，雖是我個人的一份榮幸，但對國家而言，失去了一位高舉「反共」旗幟的友人，無可諱言，也為自由世界反共陣營帶來些許衝擊。

次說蔣總統經國先生的「反共」助手世亞盟理事長谷正綱。很多人知道這位谷先生是貴州人，鄉音特別重。每年一月舉辦「一二三世界自由日」，七月舉行「世界被奴役國家週」，邀請世界各國貴賓訪華共襄盛舉。其間，我擔任過韓國國會議員和反共義士等人之傳譯。

有一次谷理事長在世盟會議室接待韓國反對黨總裁梁一東一行人，他先致詞表示歡迎來訪。幸好秘書處人員事先為我準備一份講稿參考，否則我沒法傳譯。谷先生有一個特徵，講話聲音很宏亮。我捉住他的這一點，每次傳譯時不忘模仿。沒想到，他的一位秘書告訴我，谷先生特別讚賞我的傳譯。

傳譯人員還要「眼明手快」。一次在中山堂舉行世界自由日大會，司儀宣布大會正式開始，主席趙自齊世盟理事長起身離座至講壇致詞，突然有位人士走上臺坐上第一排趙主席的座位，我因要擔任韓國貴賓之傳譯，正好坐在第二排，即刻發現並直覺這位「不速之客」有問題。

我主動悄悄走向前，以半蹲姿勢小聲問這位：「請問為何沒配戴識別證？」他不作聲。再問他：「來此做什麼？」他驟然「嗯」一聲兇我，我立即挾持此人到後臺，先打了幾拳。當時，他手上緊握一張紙不放，我未能取得，只好交給安全人員和警察處理後，若無其事地回到自己座位。

此人被警方釋放後不久，又闖入會場一樓，這次未再走上舞臺。卻被國防部借調世盟的人員逮住，移交警方。當日安全工作疏忽至此，實令人不寒而慄。

我要指出的是，事後外交部給我「嘉勉」，國防部則給這位軍官「記功」。外交部如此「刻薄」對待自家人，自然怨聲不斷。

駐菲律賓王代表薪資被縮減也是例證。

王代表奉外交部指示，自菲返臺協助外交部處理漁船案一段時期。明明是「駐菲代表」，因人在國內「上班」，就比照國內薪資核發。豈有此理？我希望王代表採取法律行動，控訴這如「強盜」般不講理的外交部。

我擔任傳譯工作遇到不少「大人物」，有些事迄今留在記憶中玩味。嚴家淦、李登輝、孫運璿、林洋港、李煥、郝柏村、蔣彥士、辜振甫及王金平等人，數也數不完。這些人物中，我最尊敬和喜歡孫運璿院長，每次都以「慈祥」、「真誠」對待傳譯人員。當我翻譯完後離開時，總會聽到孫院長向我致意：「劉先生，謝謝！」或「辛苦了！」

林洋港的「表面張力」韓國朋友最欣賞。臺・韓斷交前，南韓大使韓哲洙喜歡與司法院長林洋港喝金門高粱酒，比賽「表面張力」，一杯一杯的乾。有一次一起爬五指山，中午時分在山中一家簡陋食堂用餐並小酌一杯。林院長不喝啤酒，只喝高粱酒和威士忌。酒量好、人爽快，韓國人對他特別尊重。

眾所周知，立法院長王金平大學數學系畢業，名不虛傳「絕頂聰明」。我遇到的不少大官，給他翻譯數次，事隔一段時間後，常把家兄和我分不清，甚至忘了我這傳譯官。王院長則與他人不同，記憶力特別好，十年後他仍舊認得我。

韓哲洙大使推廣「韓國歌」外交不遺餘力。記得王院長和劉前院長一起在杏花閣酒家宴請韓國國會議員一行，就是一般通稱的「二次會」。當時，這位韓大使發現，酒家「那卡西」不會彈韓國歌，讓韓賓不盡興。他特自韓國訂購一批韓國歌本贈送酒家，也送了我一本。

為了阻止臺韓斷交，臺灣各界的努力有目共睹。但韓國人還要吃定臺灣。例如，韓國的「二次會」規矩，與臺灣截然不同。有一次，一位韓國國會議員跟我這傳譯人員吐露：「在韓國，二次會還包括招待小姐，這方面臺灣人小氣。」在臺灣一般招待客人，只管飯和酒，至於小姐問題則屬於兩人間的「私事」，主人絕不負責。

據我接觸經驗，從事國際交流的獅子會、青商會等也嚴格遵守「臺灣規矩」。我陪同韓國來的一批獅子會會員，與我方姊妹會正式餐會後，招待韓方去林森北路一帶酒吧喝酒，唱歌跳舞樣樣都來，甚至讓小姐脫衣表演等，但沒有「性」招待。

在此，我要指出的是，很多臺灣獅子會與韓國獅子會締結姊妹會長達二、三十年之久，不僅歷史悠長，並且友誼深厚。但我發現，雙方的來往模式未能與時俱進，反而有倒退之感，誠為一大憾事，大家有必要反省與檢討。

舉幾個實例來說：

第一，中韓語傳譯問題。為了節省經費還是找不到人，就隨便請旅行社的導遊擔負傳譯工作，結果辭不達意，反而得到反效果。

有一次遇到一位韓方資深獅子會會長語重心長地表示，朋友與朋友間的交流，語言溝通非常重要。如果彼此無法良好傳遞訊息，就無法心連心，真誠以待。

第二，接待方式也要改變。

獅子會的崇高精神既然是服務社會，如果韓方獅子會來臺，可安排至孤兒院或榮民之家等慰問。避免去酒家花費巨額招待費用，尤其，臺灣有些娛樂場所不僅不適合韓國朋友去，韓國人也不一定喜歡。

在此也要呼籲外交部，特別是外交官也要重視國際獅子會的各項活動，尤其駐外人員要主動參加臺韓姊妹會的週年慶祝大會等。目前，中國大陸各地的獅子會尚未茁壯起來，因此，臺灣在世界總會上的地位仍可保持「中華民國」會籍，在正式活動中還可以看到高掛中華民國國旗和唱國歌。直率說，這種「好日子」會持續多久？難道我們不該珍惜這些目前僅存的外交資產嗎？

二　辜振甫有沒有「小三」？

不經一番澈骨寒，
怎得梅花撲鼻香。
——唐・黃檗希運

我進外交部之前開始就一直從事「韓語傳譯」與「韓文翻譯」工作，前者是「動嘴」(interpret)，後者是「動筆」(translate)。據我所瞭解，有的人只從事其中一項，我卻能兼具兩份工作，不能不算是「幸運兒」。

誠如大家所知，一九七〇年代中華民國與大韓民國關係有兩項重要因素：一是「反共」，二是「經濟」牢牢捆綁在一起，稱兄道弟。因此，韓國無論是中央、地方政府官員或民間經貿團體訪華絡繹不絕。

那時，我正好在中國文化學院（現稱大學）讀碩士班。幾乎一個月一兩次跑教育部、救國團、世亞盟及退輔會，再加上國際獅子會、扶輪社及青商會等，擔任中韓語傳譯工作。真是讓我忙得不亦樂乎，也賺到一些生活費，不無小補。

剛出道時，傳譯出糗的事也不少。印象中，擔任立法院倪文亞院長之翻譯時，因我聽不懂他老人家的鄉音，十分緊張之際，正巧遇到貴人協助，把「鄉音」轉換成「國語」後，勉強度過難關。那天，我流的汗濕透了襯衫和西裝。

有一次給韓國駐華大使金桂元作翻譯，我原先把致詞稿看了一遍，但沒想到，金大使不照稿子說，結果我照稿翻譯，兩人變成「各說各話，文不對題」。我也就亂了步調，越緊張越走調。一時得了「翻譯恐懼症」。

提及「翻譯恐懼症」，有位外交部姓譚的韓語傳譯前輩就患了此種病。他說他一上場，眼睛看不清前面，腦海一片空白，根本無法從事翻譯工作。還好我的情況沒那麼糟糕，經過幾次「慘痛」經驗後，逐漸進入狀況。

以我個人的經驗來說，這種情況多半來自心理緊張。

給大官做傳譯自然會緊張，但要時時調整心情放輕鬆，越不緊張越能勝任傳譯工作，特別是前一天晚上要早睡，第二天精神才會飽滿。

我有一次在韓方貴賓秘書的盛情邀請下，在貴賓下榻的圓山大飯店小酒吧喝酒。自己明明知道翌日要擔任翻譯工作，喝酒又未能早睡，結果影響了第二天的翻譯品質。一次經驗一次教訓，後來我就不敢「亂來」了。相信外交部女性翻譯人員絕對不會有這方面的問題。

當然，擔任傳譯最重要的是外文（語）實力，這是首要基本條件。還要對這個國家的歷史、地理、文化、政治、經濟等領域的廣泛瞭解，甚至對該國政治人物的學經歷背景也要掌握。如果能夠唱幾首這個國家的民謠或流行歌曲，更能進一步親近對方，讓貴賓對傳譯人員留下良好印象。

提及外語能力一事，外交官子女或出生在國外或隨父母在國外求學等因素，很多人外語能力都很優異，但不幸，有的人中文不好。所以造成這些人無法適應國內工作和生活，只得選擇持續留在國外。實在可惜。

不可否認，目前臺灣社會環境變遷，國、臺語混用也是個現實問題。因我不會說臺語，遇到說臺語的人士，我就不得不請他說國語，否則我無法勝任工作。還好，大部分人士體諒我的情況，就配合我的要求。

憑良心說，我是山東人，我說的是「山東國語」，周遭朋友公認「國語」不夠標準。目前國語與臺語混用最好能區分公開場合還是私人聚會，才不會「混亂」。

這部分絕對屬於我個人的「私密」。我剛結婚度蜜月時期，我請內人去買「包子」，結果她買了「報紙」給我。吃的包子變成看的報紙，新婚夫妻只好「捧腹大笑」。至今，內人和女兒還經常拿這段往事吃我的豆腐，我也只能笑一笑。

在外交部服務時，被一位長官指出我的缺點，時時警惕自己，讓我一生「受用」不盡。有一次這位長官在外交部五樓大廳宴請韓國國會議員訪問團一行，我擔任傳譯。一位韓國議員向這位長官讚揚我說：「劉先生說的韓語非常道地，就像韓國人一樣。」萬萬沒想到，這位長官回說「韓語傳譯人員的中文都差」，當時讓我坐立不安，十分尷尬。

我承認我的「中文」不好。所以，我選擇了走一條與一般韓國僑生不同的路。土生土長在韓國，小學至高中讀僑校，唸完韓國大學後才來臺灣讀碩士，並為加強中文，申請就讀中文研究所，不幸「中途下車」，至今仍留諸多「遺憾」。

在外語實力方面，我發現泰國外交官的水平甚高。我請教他們原因後，才知道泰國外交部培養外交官的方式有多類。

第一，自小學生選拔後送往國外教育；第二，自外交官子女中選拔；第三，最後才是透過外交官考試錄取。彈性與範圍非常大，不像我們只有一條路──「外交領事人員特考」。

擔任高官翻譯中，也遇到一位我敬佩的「恩人」，中（臺）韓經濟委員會前主任委員辜振甫。他雖是臺籍，但他酷愛平劇，國學底蘊深厚，國語無論咬字、發音都十分清楚。尤其他為屬下著想的「細膩」，恐怕無人會想像。

有一次在臺韓企業家餐會，我給他做傳譯，他講了一首古代名詩「不經一番澈骨寒，焉得梅花撲鼻香」。辜老怕我不懂，臨時在菜單上寫好，致詞時拿給我看，讓我邊看邊翻，順利過關。後來發現，他的回憶錄書名「勁寒梅香辜振甫人生紀實」，我才獲知原來是辜老生前特別喜愛的一首詩。

「辜、汪會談」的歷史主角辜振甫先生於二〇〇五年一月三日逝世。我難過之餘，即於一月十日在《聯合報》副刊寫了一篇〈辜老小記二則〉，一面紀念他，一面願與懷念辜老的朋友分享。茲抄錄以下：

友誼勝美酒

在一場臺韓民間經濟合作會議惜別晚宴上，韓方盛情表現後，辜老脫稿致詞：「我醉了，不是因為美酒，而是因為韓國朋友的友誼而醉了！」立即獲得韓人如雷掌聲。辜老的這番話，是為強調臺韓友誼敦睦，讓韓國朋友重視。

另類的審美

有一次，辜老在臺泥大樓以正統福州菜招待韓友朴龍學。席間，朴先生說，他的健康秘訣是吃人參及按摩。又談到韓國女性皮膚白潤，可能與水質與蘋果有關。朴先生好奇地詢問辜老，韓國女性哪裡最漂亮？辜老好像很有把握地說：「肩膀最漂亮！」朴先生露出「從未聽說」的表情。

我先聲明，傳譯人員絕對有「保密」之責，但我在這裡必須要「爆料」一件藏在內心已久的「秘密」。

韓臺民間經濟合作委員會委員長朴龍學於一九九〇年八月「楊希」颱風來襲之際，特地來臺參加至友臺韓民間經濟合作委員會副主任委員、東和鋼鐵公司侯董事長之喪禮。

喪禮後，辜老對朴委員長不顧颱風惡劣氣候，為送老友最後一程的「隆情厚意」，聊表謝意，特選在朴先生離臺前在臺泥大樓午宴招待，我有幸居間擔任傳譯，三人邊吃邊談。席間，辜老講了一個有關侯董生前之「特別請託」故事，讓朴先生聽了非常驚訝，但他對辜老承諾朋友臨走前的一件重要交代，有情有義，表示十分敬重。

據辜老說，侯副主任委員在病危最後一刻，命家屬全部暫時避開病房後，把辜老請到病床旁特別拜託一件重要事情：侯董生前有一位親蜜女朋友（俗稱「小三」或紅粉知己），至今全家人包括自己太太和子女全都不知道此事，請託辜老希望在他走後，代他照料這位女性的每月生活。辜老一口答應照辦，盼朋友安心好走。

如今三人先後都上天。這位臺灣的忠實好友朴先生繼侯董、辜老，也於去年以九十九歲高齡在首爾辭世。他們三位企業家各自在臺韓兩國具有一定的經濟和國民外交地位與名聲，普遍受到崇敬。

辜老《勁寒梅香辜振甫人生紀實》一書中的一張彩色照片非常珍貴，也說明他在韓國人心目中的崇高地位。三位韓國前任總理丁一權、金貞烈、盧信永，及一位國會議長金在淳四人左右圍繞辜老的合影，見證往昔臺韓兩國親密關係。尤其，他擁有韓國著名高麗和延世兩所大學榮譽博士學位，充分證明辜老對臺韓經貿關係上的特殊貢獻。

至於，做為辜老相對伙伴的朴龍學，一直是臺灣之友。他生前發誓：「我不會跟隨南韓其他企業一窩蜂踏上中國大陸，他要搭乘最後一班列車。」朴先生十年來出錢出力舉辦民間經貿會議，提升雙邊貿易總額有目共睹。

我與朴先生沒有任何利害關係，但為了感念他對中華民國的這份感情，我特在韓國《朝鮮日報》電子版以〈臺灣的忠實朋友朴龍學〉為題撰寫一篇紀念文，讓他在天上有知，也希望韓國年輕一代企業界也能瞭解到臺韓前輩企業家間所建立的堅實敦厚友誼。

我今天揭開此事，絕對沒有任何目的，只想自己能在有生之年提出良心、真誠告白，並且進一步澄清媒體曾一度「沸沸揚揚」報導辜老有小三新聞，絕非事實，是代朋友侯董照料這位「小三」而已。

也許「遲來的正義不是正義」，但重要的是，讓辜家、侯家人知道這個真相，並且誠懇希望這位侯先生的紅粉知己此時也應該勇敢站出來面對事實，向辜、侯家屬說一句藏在心裡很久的話或表示謝意或道歉，讓辜老和侯董在天上仍舊是好朋友。這才是做人「感恩圖報」的基本道理啊！

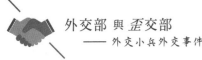

三 No Sex, No Life

經常有年輕朋友來信詢問一些有關人生的大問題，
我總是告訴他們，你其實已經有了一位最好的人生導師，
那就是你自己。

——余秋雨《收藏昨天》

我從事中韓文口譯與筆譯工作至今已逾三十年，坦白說「無師自通」，沒有受過什麼「專業訓練」。擔任傳譯工作，有樂有苦。我單身時，遇到「大人物」講「黃色笑話」，最感頭痛。我方主人認為，笑話經我傳譯後，韓國客人不笑，這肯定傳譯「失敗」。

有一次給行政院退輔會主任委員趙聚鈺與韓國伙伴單位負責人柳根昌之傳譯，飯後兩人二次會，有說有笑。趙主委講了一個一對男女「蓋小房」的故事，我翻後，見柳先生不笑，趙主委覺得我這「處男」傳譯有問題。當時我沒聽懂「蓋小房」是什麼意思，如何能正確翻譯呢？

職業外交官的笑話則「高級」多了。外交部亞太司前司長石承仁說的「笑話」很有「人性」。他宴請韓國外交部亞洲局李姓局長（前韓駐俄羅斯大使）時，因韓國人大部分都看懂中國字，就玩「漢字」遊戲。翻譯這種笑話，對我而言，就簡單、輕鬆多了。

石前司長寫了「性命」兩個字，然後用中、英文解釋，為什麼把「性」放在「命」前面？意味「有性才有命」，「No Sex, No Life」。李大使聽後露出微笑，欣然表示同意。可惜，今日年輕外交官聽了這種笑話恐怕會「乏味」，不夠「火辣」。

還有一次傳譯經驗特別值得回味。

記得國民黨「掌櫃」劉泰英辦了一次「東北亞經濟會議」，邀請南韓、北韓、日本、蒙古等國教授、學者來臺共襄盛舉，經主辦單位安排拜會呂副總統秀蓮。

大家都知道，呂副總統曾留美，英語流利。當日，外交部奉總統府指示，派了英、日及韓語傳譯三人至總統府協助。英語傳譯坐在副總統和貴賓中間，我和日語傳譯陪同韓客及日客各坐左右兩旁。

一開始，呂副總統就用英語致詞，讓英語傳譯同仁坐着「呆若木雞」，沒有傳譯機會。日本貴賓全講日語，日語傳譯最辛苦。南韓兩位大學教授，都是留美經濟學博士，直接與呂副總統英語溝通。幸好遇到這位北韓學者只說韓語，終於讓我有機會翻譯。

那天最可憐的人當然是英語傳譯，自始至尾沒開過口，坐在那裡當「花瓶」。我認為，這是呂副總統的錯。第一，不論副總統會不會說英語，在正式場合應透過傳譯為宜。第二，既然已請了外交部傳譯官員來總統府協助，為何讓英語傳譯「乾瞪眼」。第三、當天北韓、日本人聽不懂英語。呂副總統只講給聽懂英文的貴賓，發言得到的效果肯定會「大打折扣」。

據悉，政黨輪替後，馬英九總統剛上臺也犯了這種錯誤，不透過翻譯直接發揮自己的英語實力，後來好像經高人指點後才予改善。外交部英語翻譯科陳珮馨接受《中央社》專訪時曾說：「總統英文很好，在旁邊聽，這種壓力真的很大。」

我完全同意她的說法。但現在外交部設有英語翻譯科，不僅翻譯人員受到重視，還可以跟隨前輩在各個場合學習。比起以往傳譯人員的待遇，真有天壤之別。讓我這曾走過這一段路的人羨慕不已。

問題是，外交部長期以來，對各種外語口譯人才的培訓沒有一套計畫。

二〇一三年四月二十三日馬英九總統在總統府接見捷克國會議員友臺小組主席班達（Marek Benda）一行，因外交部沒有捷克語口譯人員，臨時找了在國立師範大學華語文教學研究所碩士班就讀的捷克留學生回麗娜（Leona navratilova）充當翻譯官。此事足以證明外交部只重視英、日語等，根本不在乎其他國家語文。

無獨有偶。李明博執政時期，一位南韓某大學校長出身的「選舉功臣」，被李總統任命為駐臺北韓國代表。據悉，三、四十年前，他曾留學臺灣政治大學獲得碩士學位。在一次公開演講的場合，他意味深長地指出，他留學臺灣時，只有政大和中國文化大學設有韓國語文系（組），現在還是如此。他暗批臺灣根本不重視韓國語文。

我進外交部一直在亞太司（也短暫時間在領事事務局）服務，重要任務之一是擔任總統、副總統、行政院長及各部會首長翻譯，根本沒有機會「跟隨前輩在各個場合學習」。最慘的是，一人當二人「奴役」。從安排日程、接送飛機、陪同，全都一人包辦。那時，總統傳譯身兼數職，根本沒有現在的「身分」。

其實，不只英語，韓語傳譯也有壓力。有些韓語發音與中文類似。有一次，臺韓民間經濟委員會主任委員王志剛率團與韓方在首爾舉行一年一度年會。韓方請了梨花女子大學翻譯研究所中韓語翻譯專家金姓教授擔任傳譯。

開幕時，王主委上臺致詞，王主委發現他講「中華民國」時，金教授屢次翻成「臺灣」，王志剛忍不住當場糾正傳譯人員要照實翻譯。良心說，我平生第一次目睹這種擁護「中華民國」的「愛國」場面。

傳譯人員確實沒資格將「中華民國」改成「臺灣」。金教授不能因考量「政治因素」，自行擴大翻譯職權。有一種情況例外。有一位韓國國會議員晉見我總統時，將「中華民國」一時不小心說成「中華人民共和國」，非常失禮。此時，傳譯人員要發揮「聰明」頭腦，翻譯時自行更正，說不定還會得到掌聲呢。

在此，不能不提一下我的一次「慘痛」經驗。

韓國男人名字多使用「洙」字。前國務總理韓昇洙來臺在一場會議中致詞時，我大概一時未注意中國字「洙」（ju），韓文發音應是（su），結果韓總理秘書立即跑到舞臺前，在大眾面前糾正我，讓我得到一次警惕。

這種口譯「失誤」算小case。我在中國大陸山東省會濟南國際機場親自目睹大廳和走廊兩旁，英文「Airport」寫成「Ariport」，居然把「i」和「r」字母顛倒。我立即拍照後投訴當地報紙《齊魯晚報》刊登。一個國際機場的英文水準怎會如此？實在不敢領教！

話說如此，臺灣也沒資格譏笑中國大陸。前些日子，臺東地檢署的中、英文翻譯「傑作」上了各家媒體，貽人話柄。特予介紹如下：

一、請小心天雨路滑。

Please careful day rain Lu Hua.

二、請由兩側進出。

Please by both sides turnover.

三、冷氣開放中。

The air conditioning opens.

不過，外交部英語翻譯官陳珮馨在《中央社》專訪中對於想要從事傳譯工作的新鮮人提出的建議：「這行挑戰性非常大，抗壓能力要夠強，一定要知道自己不足，不斷加強專業知識，隨時要接受講者的挑戰，因為你永遠不知道對方下一句講什麼。」對「新鮮人」一定會有諸多啟發。

除了以上忠告之外，在這裡，我也想以「過來人」身份虛心補充幾項擔任總統傳譯要具備的條件：

第一，外語能力要強，包括外交用語和懸案。熟稔有關國家之歷史、文化等。

第二，切記千萬不能加入個人意見，以免引起外交紛爭。

第三，具備因應突發狀況的膽大心態和發揮隨機應變能力。

第四，特別注意自己的外貌、服裝、行動，不能過於突出。傳譯只是影子而已。

第五，堅守言重與口德。傳譯內容絕不能外洩。

銘記這些大道理，並當作是一回事。

最後，要對「禍從天降」事先做好心理準備，以免有時會「喪志」。我們偶爾看到兩國元首間談話有出入時，會把「誤解」或「錯誤」責任完全推給傳譯。傳譯人員翻得再好也沒有用，只好一個人默默承擔，「百口莫辯」啊！

四 「歪交部」的「Casanova」

已擁有愛的人啊！
雖覺輕鬆，仍要重重的抱它。
因為沒有比愛更重的東西。
——韓・劉翰根《最重的東西》

駐斐濟代表處L姓外交官對當地女雇員摸胸性騷擾，真是一則「小咖」故事，不足對外宣揚。我在外交部任職時，認識這位L姓同仁，人長得滿斯文，看不出來他會做這種事。給我們「劉家」蒙塵，我也只能嘆一口氣。

「壓軸好戲」後續上演。二〇一五年一月十五日《壹週刊》的封面故事才更精彩：「外交部高官狠劈四人妻 傳裸照跨部會求愛。」故事情節很像一部「AV電影」裡的「不倫」情節。據報導，外交部卻感覺「不痛不癢」，根本不在乎外界的批評，甚至極力護短，這位高官照樣外放。

節錄一段原文如下：

外交部條約法律司專門委員陳某某，因擁有法律專才，頗受重用，今後更可望升任副司長，前途一片大好。但本刊接獲爆料，指他已有一名交往七年的女友，卻還私下狂追人妻，狠劈外交部三名已婚美女，最近更變本加厲，對一名司法官的妻子猛烈示愛，經常三更半夜以電話、簡訊騷擾，還自拍裸露上身的照片給該名人妻，造成對方及配偶相當困擾。

人妻的司法官先生當面向陳男勸阻無效後，轉向外交部檢舉。外交部卻企圖息事寧人，僅將陳男外派菲律賓，卻未進行任何懲處。

提到「色」方面，不能不談這一位外交部C姓同仁。因他很會彈鋼琴，幾次外交部年終晚會，都由他負責彈琴，配合部長等人唱歌。聽說，程部長很欣賞他的琴技，但不知是何因，他官運一直不順暢。

據一位外交部「日本幫」同事告訴我：前駐日代表蔣孝武（與我是中國文化大學碩士班同期生，但在共同課目課堂上從未見過蔣本人）非常討厭C姓外交官，甚至「排斥」，只好安排他承辦「電務」工作，「冷凍」意味濃厚。

這位C同仁也屬結婚「怪才」。據另一位「日本幫」同事說，有一次C同仁以「單身」派駐日本工作，同事至他住宿酒店，赫然發現C同仁身旁有位女士。後來的婚姻記錄顯示，與同一夫人結婚三次，離婚三次。至今成為外交部同仁的飯後餘談話題。

有關C同仁的「故事」非常精彩。他在辦公室每天看到女同事就說「妳很漂亮」。有的女同事接受，有的就不領情。明明知道人家不漂亮，虛情假意地說漂亮。何況人家也不是三歲小女孩，可以隨意欺騙。

有一天，一位女同事還告訴我一個「秘密」，真是可譏可恥。同為一個男人卻把全世界男人的臉丟光。這位C同仁的辦公桌上擺放一排書籍，中間偷開一個小縫隙，用來偷窺女同事大腿和內褲。這算不算是「性變態」呢？

C同仁觀察「女性」有一套自創「理論」。他告訴我：「女人屁股要像山東饅頭，並且腳踝要細，才有性感。」有一天，他約我外出吃午飯，吃了飯之後，他又帶我去一家所謂的Love Hotel。兩人各挑選一位小姐進房間「試一試」他的這套理論對不對。

兩人「愉快」後，回到外交部都已兩點多了，「龜縮」著走進辦公室，生怕被科長或同事發覺。當時若被外交部發現，肯定會被嚴厲懲罰，一儆百誡。至今回想此事，好像他在扮演「老師」角色，我是「學生」，接受他的一堂「性教育」，臉上實在無光。

我真「佩服」他有一套「女人緣」。每天下班後去一家西餐廳彈琴賺「外快」，不怕勞累。但是，我發現他不得不這樣辛勞的原因。

有一次，他約了他的女朋友和我，三人在一家韓國餐廳見面。印象裡，他告訴我這位女士原先是他的「粉絲」，每次獨自一人到西餐廳吃飯或喝飲料，靜坐欣賞他的鋼琴演奏。

我一眼看去，她的確很漂亮，穿著也時髦。一次機會，我問過C同仁女朋友穿的洋裝一套多少錢？他說是「進口貨」，約二萬至三萬新臺幣。我跟他開玩笑說：「你的每月薪資袋裡有幾個兩三萬元？」要養這類「高貴」婦人，對平凡男人來言，恐怕會「辛苦」一些。

有趣的是，我從資料中獲悉，這些外交官的「性醜聞」新聞，其來有自。這方面之「傳統」、「秘方」或「高手」之典故有不少留傳下來。

不錯。我從《傳記文學》第七十三卷第二期劉瑛代表所著〈外交生涯四十年〉一文中找出一則與「色鬼」有關的「源頭」故事。摘錄重點內容，翻新如下：

民國四十六年，外交部辦公室設在博愛路臺灣銀行的房子，四樓上下都得走樓梯。有一天，年方二十五、六的傅姓薦任科員剛好走在一位工讀生小姐後面上樓，當日工讀生身穿白色短袖襯衣、黑色短裙，傅科員一時忘情，伸出「魔掌」摸了女生大腿一把。

「性騷擾」茲事體大，一定要懲處。經過科長簽呈幫辦、處長、次長一關一關，最後送到部長葉公超處。葉部長把這位科員叫到辦公室痛斥：「為何如此膽大妄為？」嚇壞年輕科員，一方面坦然認錯，另一方面表示後悔地說：「報告部長，當時實在是情不自禁！」後來葉部長在簽呈上批示：「情不自禁，如何其可？姑念初犯，再犯記過！」

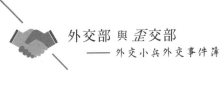

葉部長似很同情這位年輕科員「情不自禁」的「生理」狀況。本案算是告一段落。其實，我在《葉公超其人其文其事》一書中發現「紅粉知己」一詞出現頻繁，值得推敲。尤其，陳香梅女士所撰紀念文〈哭葉公超〉一文中就有兩段與「紅粉知己」有關。

第一段：「葉公超一生中有不少紅顏，但在他最寂寞、最需要愛心之時却在孤寂中與世長辭，這真是人生一大憾事。老天對他太不公平了！」

第二段：「英豪有女人的賞識並非不道德之事，而是可以自豪的，大音樂家蕭邦有鼓勵他、愛護他的女文豪喬治桑，拿破崙有約瑟芬，沒有女人的男人才該自愧呢。」

若吟味以上陳女士的描述，外交官「狠劈四人妻」，就不算什麼「不道德」了，應該挺胸自豪才對。真不知「狠劈四人妻」與「紅粉知己」有無「上行下效」關係，或許只有這位外交部高官自己才明瞭，其他同仁則只有「揣測」的份兒。

外交官的「生理」確實需要調節。我在泰國工作時，據一位資深雇員告訴我一段「辦公室一位高官和一位臺灣某大學畢業來泰求職的年輕美貌小姐搞曖昧」故事。

這位高官一人在曼谷，太太與子女都在美國。一個大男人長期與太太分居生理上會「饑餓」，碰到「天賜良機」，也自然會想給漂亮的花「澆澆水」，順便試看自己好久沒用過的「水管」長鏽了沒。後來被太太發覺有異，從美國飛來泰國跟先生「理論」，終於結束一場緋聞。後來官運還算不錯，高升局長、出任代表後退休。

不僅是外交部有此類官員，國安局駐外人員也不少「有樣學樣」的人，與當地雇員小姐也搞曖昧關係。我在駐韓代表處服務時，聽聞雇員間傳來傳去，「家常閒聊」語言中，雇員對這位駐外人員頗多微詞。此事好像國安局長官也知曉。

天上沒有白白掉下來的「禮物」。我完全同意「狠劈四人妻」一文所作的「結論」：「只是，這名外交部的明日之星，竟然是專挑已婚女子，狠劈人妻的花心漢，讓外交部淪為『歪』交部，丟盡政府部門的臉，更葬送受騷擾人妻的家庭生活。如此官員，外交部應立即調查，予以懲處，以正官箴。」

惟外交部對這種事「司空見慣」，根本不理會媒體怎麼說，甚或立法委員怎麼罵。「歪交部」就「歪交部」吧。該外放照外放，該升官就升官，外交部不會因為監察院的一紙糾正函，就認真去檢討或懲處有關人員。Who怕Who？

我敢預測，外交部的惡習作風不改，只會培養越來越多現代版的「Casanova」外交官。不可否認，這也是助長外交官離婚率升高的主要原因之一。

外交部不斷「護短」，造成「色狼」故事恐怕像連續劇般繼續上演。I am sure.

五　外交部製造「冒牌外交官」

外交工作是一個良心工作，是一份榮譽，
同仁應努力學習，不斷的充實自己，培養宏觀觀念，
要有全球的工作戰略觀，不要將自己侷促一隅。
——錢　復〈八十三年對駐外人員精神講話〉

有醜陋的外交官，當然也會有醜惡的外交部。我給馬總統寫了三十封信，其中控訴外交部的事項就有十七件。我直接批罵：「敢欺騙馬總統的外交部、總統管不定外交部的偽造文件？馬總統是外交部的共犯？外交部長是土匪還是強盜？外交部何以至此困境？」等等。

當時總統府秘書長是外交部長出身的楊先生，或許他先看完後，「不順眼」就丟進垃圾箱？這方面我沒證據不能亂說，但可確定的是，我只收到外交部的選擇性回應，不敢直接面對問題。外交部的做法給人的印象是，全世界只有外交部最「聰明」，其他人都是「笨蛋」。

事實證明，真正「笨蛋」是外交部。就以二〇一三年甘比亞突然宣布與我斷交事件為例。一件全臺灣人民錯愕的重大外交事件，居然外交部和外館事先一點都不知情，不僅府院狀況外，還把馬總統與江院長拖下水，被綠營罵得灰頭土臉。

此時此刻，臺灣人民不禁要問：「這是什麼大使館？這是什麼外交部？這是什麼政府？」亂成一團，外交官、外交部、行政院及總統府都在睡覺，睡覺的樣子「自我感覺良好」。

甚至，有位曾任駐韓代表不客氣地指責：「外交部長、次長不懂韓國政治，都是飯桶！」此人眼中不僅沒有外交部，根本看扁部、次長，外交部卻對此人連一個屁都不敢放。這正如兒子可以隨便打罵老子，「家」不像「家」，任憑鄰居看笑。

與甘國斷交，外交部的後續動作更令國人失望。甘國正式宣布與我斷交後，外交部召開記者會竟說成是賈梅總統「個人決定」，不算正式斷交。所以立即派特使去瞭解、挽救，似乎又再次傳達不正確訊息給國人，「有希望恢復邦交」。

結果呢？自行造成「老鼠過街，人人喊打」的尷尬局面。外交部於第四天後始宣布斷交，我們的「尊嚴、自主、靈活、務實」放在哪裡？外交判斷能力如此低落，實讓國人無比悲哀，乾脆成立「斷交部」或「睡覺部」算了。

活絡外交或外交休兵的成果，不談二十二個邦交國數字，只說一百五十三個免（落地）簽國數據，似在吹噓「邦交國」多寡不重要，只要手持臺灣護照就可跑遍各國就好了。不知全世界哪一個國家的外交「成績」是以免（落地）簽國家數據來計算？

有個笑話正好能說明外交部現前的處境。A、B、C三個人跳進海裡，比賽誰最能待久。

A最先氣絕後浮上水面，其後不久B的屍體也露出海面，C一直沒動靜，下水一查看，原來雙手緊握岩石死亡。A、B、C三個人無一人倖免，只是死狀不同而已。此次與甘比亞斷交的過程不是如此嗎？

坦白說，甘比亞事件若發生在南韓，外交部長只有一鞠躬謝罪一路。在臺灣，外交部長穩如泰山，只看總統一人的臉色就好，不必考慮人民的死活。為什麼？我的觀察很簡單：「聖宏專案」、「久睦專案」、「久揚之旅」等十一個專案，就是保住外交部長「腦袋瓜」的法寶。

七月十一日馬總統出訪多明尼加、海地及尼加拉瓜三個友邦之前，不去衛福部、醫院探視八仙水上樂園塵爆事件辛苦的醫護人員和住院傷患，反而突訪外交部，感謝外交部給他安排這次的「久揚之旅」，可能也是馬英九在任最後一次表現「風光」的機會。其舉止難以理解。

惟從外交部公開的友邦三國行程來觀，司法大廈落成典禮非要馬總統出席剪綵嗎？這是駐外大使就可做的事，看出來這次出訪根本沒有什麼重要事要和友邦洽談，顯然重點放在美國哈佛大學演講一事，凸顯馬自己的「豐功偉績」，要美國人給他掌聲、背書，甚至想請美國人幫他申請諾貝爾和平獎。

這是馬想要的歷史定位及野心，絕對逃不過臺灣人民雪亮的眼睛。

在此，不得不提馬總統的用人術，一言以蔽之，真不如陳水扁總統提攜的一批「童子軍」，馬只會用乖乖聽話的「傭人」和「老人」。就以外交部長為例，前、現任都屬於這一類型，沒有Guts寫在臉上，自然也形成外交部特有的公務文化。部長「失格」去充當「翻譯機」，讓家屬洪小姐罵得狗血淋頭。

前考試院長關中也看不慣。

他於二〇一四年一月二十四日接受《聯合報》記者專訪時指出，公務文化有「五大惡」：保守（守舊）、鄉愿、和稀泥、虛應故事、名實不副，因積習已久，埋沒人才，不改不可。這些「惡質文化」，讓具理想、使命感的公務人員感到失望，也背負惡名。

關中進一步說，名不符實的考績制度，造成一個能力不夠、明明最多只能當科長的人，結果卻當上司長，原本只能當司長者，結果卻當上次長，最後因能力不足，無法推動政策，使得國家原地踏步。關前院長希望從說真話開始，帶動公務文化改革，讓有志者在公務體系發揮。

關院長的這些「忠言」好像說給外交部聽的。

《聯合報》黑白集於二〇一三年六月二十一日刊登一篇題為：〈外交部不如一個運將〉，把外交部形容得非常「逆耳」。該文指出：

馬總統在自由廣場舉行軍禮歡迎瓜地馬拉總統培瑞茲訪臺，在應邀觀禮的各國使節中，竟有大使搭乘計程車進場，隨著各國黑頭轎車繞行三軍樂儀隊，顯得極為突兀。外交部禮賓工作如此怠慢，引起外界批評。

……事實上，陶波搭計程車出入此類國家禮賓典禮已多回，包括巴拉圭和吉里巴斯元首來訪的兩次軍禮和相關國宴，他都是靠「小黃」代步，而外交部竟渾然不覺。更諷刺的是，連幫陶波開車的運將都看不下去了，主動詢問外交部可否派車接送，以免小黃車在軍禮中顯得失禮；不料，外交部竟以「很忙，派不出車輛」為由，草率推辭，簡直豈有此理。

外交部後來解釋，謂承辦人員發放證件時，未掌握到陶波會搭計程車出席。問題是，三番兩次的軍禮，難道外交官員都在睡覺？否則，怎會沒注意到小黃夾雜在禮車之間，讓事情一再重演？包括國宴時，小黃無法開至總統府大門，大使被迫須提前下車步行，外交部也視若無睹？

（後略）

外交部「有眼無珠」的事不勝枚舉。

有位前任外交部長從新聞局帶了一男一女秘書至外交部，這位C姓男秘書不知是官運好還是有特殊「背景」，到了外交部一路「騰達如飛」，兩次擔任新聞發言人。後來前後外放北歐I國和東南亞T國出任代表。

我曾在親民黨主席宋楚瑜主持新聞局時，擔任國際處專員承辦美國業務約兩年，因此認識這位C代表。國際處或聯絡室同仁經常安排國內外貴賓至簡報室觀賞多媒體「中華民國國情」簡報，讓訪賓對我國政經發展有個概括認識。當時在幕後負責播放簡報的「技士」就是這位C代表。

記得當時我因獲得韓國政府優渥獎學金進修博士學位而不得不辭去工作。宋局長跟我說：「你已擁有碩士學位，我派你去美國工作好啦。」一時讓我不知如何選擇，掙扎與苦惱中，我還是違命選擇唸書。就此與新聞局斷了「緣分」。

國際處同仁都知道這一號人物是新聞局簡報室技術人員，他不像新聞局國際處人員有駐外資歷與外語專才，只靠一張「三寸不爛之舌」，從技術人員搖身一變成為「外交官」，不僅國際處舊識鄙視，並且外交部同事也望而興嘆。這恐怕創造中華民國外交史上另類「冒牌外交官」。

有一年「特考」，好像特別為此人安排。外交官要通過「外交領事人員特考」，新聞局官員要考「國際新聞人員特考」，就是找不到「國際新聞技術人員特考」；C君就是通過「國際新聞技術人員特考」，當上外交官，我才真正領悟到中華民國的「特考」有多「腐爛」。外交部則是「共犯」，還要「罪加一等」。

外交部被這些少數「冒牌外交官」搞得頭昏腦脹。阿扁執政時期，有位「代表」自稱「國王人馬」在外「胡作非為」，跟當地華僑鬧官司，也和部屬上法院。丟盡中華民國國格，外交部卻「裝聾作啞」。

或許有人認為我是在放「馬後炮」，其實不然。因為「醜聞」就是「醜聞」，「事實」就是「事實」，不會因「政黨輪替」就會變質。問題是，外界很多人不知道，外交部有這麼多醜聞的「漏網之魚」。

上述「冒牌外交官」早已賺飽三十幾萬到一百多萬美元不等，這不是人民的血汗錢嗎？此際，要有人拿出「勇氣」與「傻勁」陸續揭發，才能阻止這種「吸血鬼」的歪風漫延。

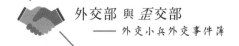

六 一位雇員的受難日記

良朋滿座終須散，
笙歌永晝夜難連，
此日掛冠恰到好，
再留不值半文錢。

——王雲五・詩作

我在外交部值夜班時，看到值日簿裡記載，幾乎每天有一位「常客」打電話來，他叫「石副領事」。我也接過他的來電，根本就是只有他一個人「胡言亂語」，沒有給我說話機會，完全無法雙向溝通，我也無法告訴他「我們曾彼此認識的故事」，確實令人感嘆。

他患了俗稱的「精神病」。

一位好好的外交官怎麼得了這種病？我所聽說的故事大略如下：

他在一個外館工作，負責帳目和簽證，有一次帳目不清，被館長發現呈部懲處，還被移送法辦，結果判刑。當然外交官工作也沒了。

所收的簽證費短少，污了公款，理應由石副領事負責。但問題是實際短缺金額寥寥無幾，館長足以「滅火」而卻把事情擴大。據聞，平時石副領事與館長關係不睦，雙方早已埋下這場「戰火」。

他出獄後，很快患上憂鬱症，整天由老母陪伴看護著渡日，母子二人悽慘生活不難想像。據了解，如今二人都已結束人生旅程，離開人世。一位優秀、年輕有為的外交官「含冤」而死，讓認識他的外交部同仁唏噓不已，齊聲吶喊：「老天太不公平啦！」

我認識石副領事時，他任職中華民國駐釜山領事館。我還是留學生身份，在唸博士課程。當時我因在大邱僑社兼了青年會的工作，所以時而與駐釜山領事館的張紹軍領事、石副領事有所來往，例如青年節舉辦籃球比賽活動等。記得石副領事非常上進，還曾在當地一所大學讀夜間部碩士班。

石副領事的才華出眾，也令人羨慕。他的書法、水墨畫，不少韓國朋友喜愛與收藏。他的不幸遭遇，可以說也是外交部醜陋的一面鏡子。我敢說，有多少醜陋的館長，就有多少醜陋的外交官。

談起外館館長與部屬關係，不能漏掉我和李某的往事。我在駐韓代表處服務三年，前半段館長是李宗儒，後半段是也姓李的李某。一位是職業外交官，另一位是非職業外交官，屬於「空降」的政治任命。

先說一段職業與非職業之不同事例：

我在李宗儒代表麾下時，將二十四筆我在韓國有財產所有權名義，從「中華民國」和「自由中國」極度秘密狀況下，一一改成「駐韓臺北代表部」後呈報外交部在案。

外交部對來龍去脈非常清楚。東北亞督察團由外交部研設會主委楊黃率領來韓，視察駐韓代表處各項業務時，楊黃主委親自到我們業務組翻閱國有財產卷宗，發現曾有一位韓方律師建議更改所有權名義，以保障中華民國權益。

楊黃主委即質問：「為何未依照建議辦理？」我回說：「這是舊案，經過這麼多年，為何沒辦理，我也不知道。」我據此，報告李宗儒代表後，在極度保密下完成本案。

對此事，代表處的韓籍法律顧問全世鳳律師向我們解釋：「更改名義一事，如果我與中國大陸發生『爭產』問題時，起碼可多一層法律保障，但政治問題則是另外一回事。」因此，一再叮嚀我們務必低調和注意保密。

其實，臺韓斷交前或斷交後，「保產」一向是駐韓外交人員重要工作之一。每年一月和七月兩次核對產權無誤後，將二十四份新印製的產權狀呈外交部再轉國有財產局。記得我完成所有權名義變更後，李宗儒代表高興之餘，還舉起雙手跟我來了一個西式擊掌。

沒料到，李某出使韓國，在代表處會議室首次與僑界代表會晤時，向在場僑領誇讚我說，外交部對我處理產權名義變更事宜多所稱許。身為堂堂正正「中華民國代表」（私下稱「大使」

的人也不少）居然把機密事件就這樣輕易洩露出去，連一點保密觀念與常識都沒有。

果然無幾日，有位親中共僑領將此事密報駐韓中國大使館，中國大使館立即採取行動，正式向完全不知情的韓國外交部提出抗議。韓國外交部似乎緊張起來，再向主管部門法院瞭解和施壓。

我即接到韓國首爾西部法院承辦官員電話，要我主動把產權狀名義再更改回來，我不答應。提出三個理由：「一、名義變更係完全依據韓國法律規定辦理，純屬合法；二、韓國是民主法治國家，應循法律正途行事；三、若強行要求更改，本人將召開記者會對外公開揭發此事。」當時我先來硬的，要觀察韓方進一步態度後再想辦法。

在這關鍵時刻，不知何原因，李某向韓方自動「投降」，全部又恢復原產權名義；對我來講，無法接受。並且可恥的是，李某態度一百八十度轉變，忘了在僑領面前誇讚我的事，竟然把我羅織成「罪人」，成為調離我的理由之一。難怪，外交部認識或不認識李某的同仁，都異口同聲地表示：「此人惡名昭彰。」真是騙不了四周的眼睛。

壞事幹太多，天地會感應。

他一上任就對這二十四筆國有財產異常表示濃厚興趣。先追問我這業務承辦人，「我的代表人事發布已有六個月，為何我人還沒到任就賣掉釜山領事官舍和代表賓士車？」我回答很直接：「全部依照外交部指示辦理。」若有問題或疑惑應該去問外交部，逼問我這小小承辦人，似另有企圖。

李某非常奇怪，好像沒改變過去長久擔任「駐韓記者」時的職業「嗅覺」，總是把外交官全當成「小偷」。他認為前任李代表和我是「共犯」。李某一直對我「下手」，要我咬出李前代表，又不時要我將在他面前所講的話寫成報告給他，一張一張存放在他抽屜。我知道他用意不善，後來在李某面前，我就開始少開口，免得再寫報告。

此人還是不放過我，於九月二十四日親筆給我下了一張便條紙編號0001號。有三項指示，要我提出報告：

一、對釜山賣房子經手經過請以書面提出報告，做為改革小組研討與建議改進。

二、對購置館產事，依據過去經驗與檢討提出專題報告。

三、對釜山未來設處館產之購置等提出建議意見。

明眼人都知道，李某另有陰謀。處理釜山館舍經緯早已呈報外交部在案，外交部沒有提出疑義。我一直懷疑此人有特殊目的，否則怎會到任第一天開始就對出售館車、賣官舍及我在韓國有財產一再表現特別「關注」，展開一連串的內部「鬥爭」，很像「共產黨」做法。

更可惡的是，李某對雇員所做霸道惡劣行徑全寫在倪聖傑給我的一封E-mail：

自組長（係指劉順達）離韓後，我的生活陷入苦難。首先是，難以忍受李X X代表的壓力……其次是，以釜山開設辦事處為名，要我去釜山工作近三個月，幾乎每天見面，每天說同樣的話，因此，期間花了不少酒錢。但是，我沒眼見的事，尤其不能出賣我前任直屬上司。乾脆就此辭職回家？那時才真正瞭解到社會生活是如此艱辛。比起組長所受苦難，或許我算不上什麼，但是忍受不了對我的懷疑。曾接受過韓國、臺灣調查局的調查，去年也接獲臺灣法院以證人身份出庭的通知。

在萬人面前隨意毀謗我，甚至說待調查報告出爐後，要我回家等……比起任何人，我更應站出來協助您，但是對不起又對不起……

看了以上電郵內容，我感到無限悲哀。一位身為駐韓代表的人，居然使用非法手段欺壓一位末端雇員，幾乎每天要求這位雇員咬出不知情的「網站貼文者」。期間讓無辜雇員花掉不少酒錢度日。

李某這種卑鄙恐嚇手法，原來是受到耶穌的影響。耶穌早已知道此人腦袋在想什麼，所以指示：「我到世間上來，不是要你們和平的；我要你們三個人與五個人鬥爭，婆婆與媳婦鬥爭。」李某的確愛鬥，結果把自己鬥垮了。

李某與韓國華僑三百多人展開「館產鬥爭」後，就註定他走向另一個人生命運：「公開做壞事，人人誅之；暗地做壞事，鬼神誅之。不管你是公開的，不管你是暗地的，只要是壞事，難逃天誅地誅，人人誅之！」

謝天謝地。外交部不必召回他，李某就被韓國華僑「趕回」臺灣，不僅外交部要感謝韓華，並且創下近代中華民國外交史上罕有的一大醜聞。

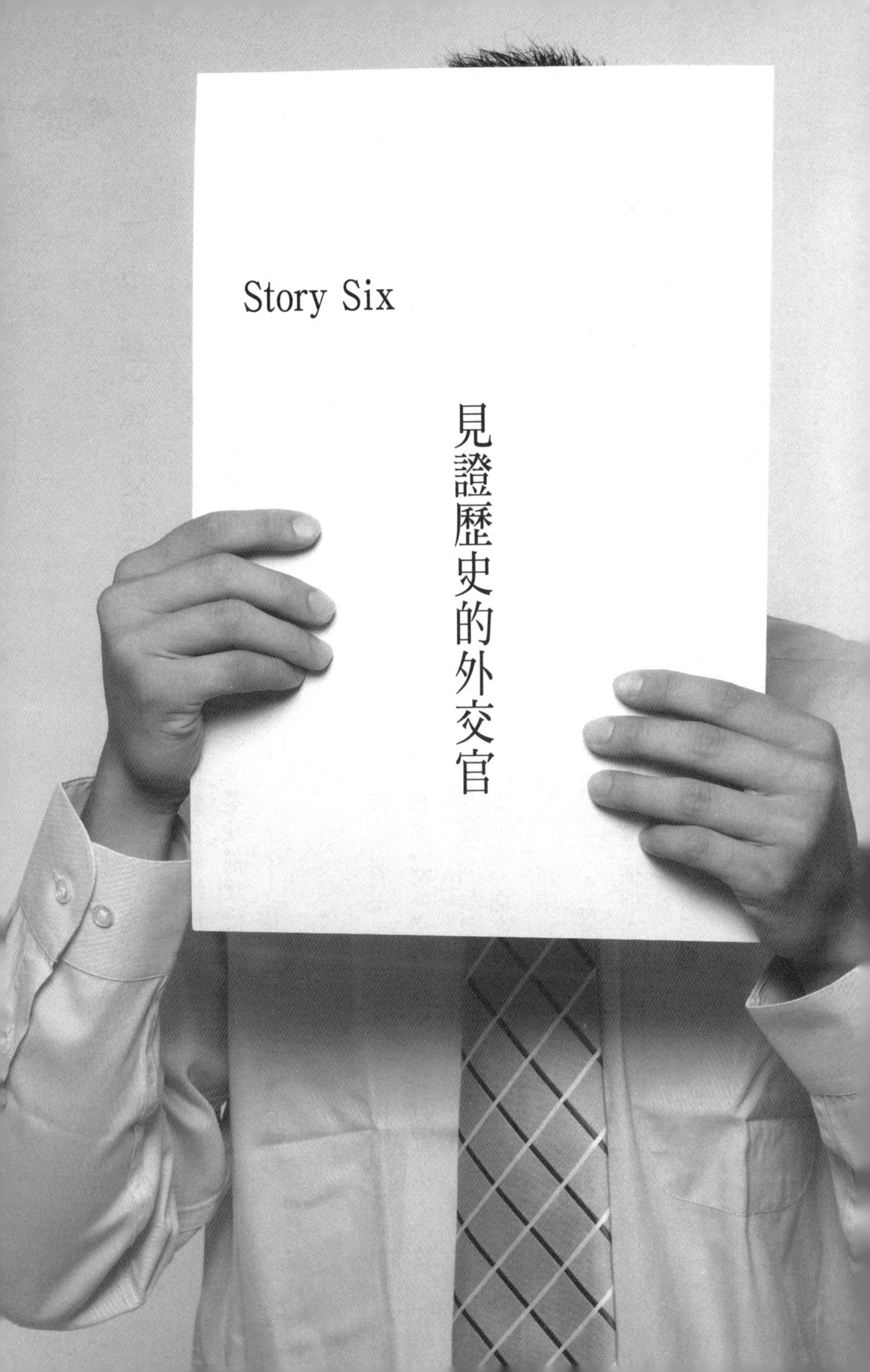

Story Six

見證歷史的外交官

中（臺）韓斷交秘辛

沒有比人背信人更悲哀和兇惡的事。背信對方的信任與信義後，下一次背信就更容易，結果自己卻以不光榮狀態度過一生。

——朴槿惠《朴槿惠自傳》

目前從事外交工作的臺灣外交官來說，不能總是被一百五十三個免（落地）簽證國家數據「自我迷惑」，「自我快樂」就好。還是要傾心聽聽其他國家外交官對我們外交官的評論，做為自己的「借鏡」，隨時自我惕厲與勉勵，才不會「醉生夢死」。

分別於一九六三年和一九七一年兩度出任韓國外交部長，並於一九六四年擔任韓國駐聯合國特命全權大使的金溶植在其外交回憶錄《希望與挑戰》一書中有四篇文章與中華民國（我翻閱韓國外務部編的《一九六二年大韓民國外交年表》稱我為「自由中國」，另稱中國大陸為「中共」，就是找不到「中華民國」）有關。其中兩篇頗具參考價值，茲特譯介，見證一段中華民國近代外交史如下：

〈自由中國退出聯合國〉

一九七一年，對中韓兩國來說一喜一悲。喜的是，韓國在聯合國舞臺上所展開的外交戰獲得勝利，得到不少友邦國家之祝賀，當然其中也包括自由中國的劉鍇大使。悲的是，美國所提中國代表權之修正案則被否決。

美國布希代表所提兩案，其一為雙重代表制，即認定中共之聯合國代表權與安全理事會常任理事國，同時也認定自由中國之代表權。其二為剝奪自由中國代表權案，須依據憲章第十八條指定為「重要事項」（需獲得總會三分之二之贊成）來處理。可是，時間太遲。並且英國、法國亦未支持美國提案。聯合國的專家研析，倘美國早一年提出，則自由中國的議席可能還會維持相當一段時期。

〈自由中國的聯合國守城二十年〉

外交官的駐外年限，各國有所差異，就以自由中國代表部為例，一般來說，大約服務七、八年，因此他們對聯合國事務具有豐富知識。

自中共取得大陸以來，中國代表權問題每年由共產陣營、中立陣營，甚至由部分自由陣營提出。因此，自由中國的劉鍇大使孤軍奮鬥，保衛代表權。其間，劉大使與渠少數同仁成功地展開外交戰近二十年。

我曾有機會評估戰後東洋三國（韓、中、日）之外交陣營。其中，中國的外交陣容和戰敗國日本的外務省均擁有很多具備國士風度的傑出職業外交官，他們維護了各自國家的利益。因大勢所趨，中國的代表權雖由中共取代，但當時站在第一線的自由中國外交官之使命感，值得高度評價。

看了以上兩段評論，我個人認為可歸納成兩個部分來分析：

第一，中華民國退出聯合國，美國也有責任。

第二，稱譽中華民國外交官是具有「國士風度的傑出職業外交官」，至為光榮。但與現在的「失格外長自貶當翻譯機」比較，實令人感覺外交官的水平每況愈下，今日不如昨天。

相信大家耳熟能詳「昨日」傑出的外交官「葉公超」和「楊西崑」兩位大名。前外交部長沈昌煥在其〈公超先生的才識風範〉一文中指出兩件事，讓他最感欽佩：

第一，公超先生對部屬的充分信賴，使人人勇於任事，敢於負責。

第二，公超先生雖然本身自信強、文字造詣高，但是他處事卻極端虛心、十分細膩。

再看看楊西崑大使的輝煌事蹟。他是兩百年來得到南非首都榮譽公民的第一位外籍人士。不僅如此，他逝世時，曾有十七個非洲國家為他下半旗，這恐怕是一項「世界金氏」紀錄。一位職業外交官辭世後能享有如此「禮遇」，比權勢赫赫的總統、家財萬貫的企業家更光榮。

外交生涯有「陽光」也有「黑暗」。在外交部被冠上「斷交大使」不名譽稱號的外交官也不少。大使個人的能力與努力是「主觀」條件，但大環境是「客觀」因素，如同地震、颱風，無法阻擋。

以二十三年前的中（臺）韓斷交為例，金樹基大使的努力有目共睹，只因南韓在與我處理斷交問題上「鬼鬼祟祟」，為此事至今不少國人耿耿於懷，心中放不下這塊「不愉快」石頭。

國人都清楚記得，當時韓國人對我們的一貫說詞是「北韓因素」，南韓希望能透過北韓「老大哥」中國向「小弟」北韓施壓。可是一手包辦南韓與中國大陸建交的韓國外長李相玉說的一段秘辛，卻推翻了上述說法。

李相玉在其回憶錄《轉換期的韓國外交》一書中有一番另類主張：「因臺灣的積極外交攻勢，結果讓中國使出因應政策之一環，成為加速與韓國建交之因素之一。」將斷交責任推給我方。

此處李相玉指的「臺灣的積極外交攻勢」，係指李登輝前總統大力推行的「務實外交」。李登輝於一九八九年六月召開的國民黨第十三屆二中全會中首次提出「務實外交」方案。

臺灣以提供經濟援助為外交手段，自一九八九年一月與巴哈馬建交開始，陸續與格瑞那達、賴比瑞亞、貝立斯、賴索托、幾內亞比索、尼加拉瓜等國建交，讓中國不得不與這些國家斷交。導致臺灣和中國間展開激烈之外交戰。

如同金溶植外交部長般，李相玉對我「斷交大使」金樹基給予高度評價。金樹基於一九九〇年九月赴任，正是韓中關係改善已進入可視圈之際。因此，金大使最重要的任務是全力阻止韓中建交。

前外長李相玉認為，金大使比以往任何駐韓中華民國大使積極展開活動與韓國政界、經濟界、輿論界、學界等各領域有影響力人士廣泛接觸，並邀請他們訪問臺灣，為維持兩國友好關係全力以赴。

如果照李相玉以上的說法，當時臺灣施行的「務實外交」得罪了中國，那麼，馬英九總統推廣的「活路外交」和「外交休兵」當然不會刺激中國了？箇中因素確實值得進一步玩味。

前副總統呂秀蓮也提出她的看法。她警告蔡英文，下屆總統上任後，臺灣可能面臨「比八仙塵爆萬倍可能」的「骨牌性斷交」危機。目前只剩二十二個邦交國，屆時這些國家都統統跑光，外交部就變成只辦理護照業務的「護照部」了。

依照目前國際局勢發展與中國大陸在國際舞臺上的影響力來觀，這樣的預測絕不是「危言聳聽」之語，新政府一定要妥善應對。

二 兩韓與兩岸外交官「統一」賽跑

韓國人的商術是快刀謀一穫，
中國人的商術是為求未來交易先犧牲。
——韓・李圭泰《韓國人的意識構造》

先容許我講兩則笑話：

第一則：王姓韓國華僑舉家移民美國洛杉磯，經營一家「中華料理」。有一天，王老闆做夢也沒料到，他原先在韓國大邱市主持「韓華莊」餐廳時的熟客，一位大學金姓教授突然出現在他的眼前，兩人異國相遇又驚又喜。

但金姓教授心中一直納悶的是，王老闆在韓國的餐廳在當地稍有名氣，並且生意也不錯，為何來美國做同樣的餐廳生意呢？就直問王先生其原因。王老闆不客氣地回說：聽煩了你們韓國人點了菜後，沒過多久，就喊：「快！快！」

今天，韓國人把它稱之為「快快文化」，有利也有弊。例如，韓國在半導體、造船等產業，已超越日本。一般認為，這是「快快文化」的幕後動力，同樣產品在日本若需要一個月生產期的話，在韓國不消一週時間就能製成。

早期，南韓極東建設公司參與臺灣南北高速公路工程時，一方面來「快！快！」，另一方面偷工減料。因我方工程監督人員嚴格把關，該公司無法如願，只好退出施工，建築工具等全被我銀行扣押，損失慘重。當時，極東公司向蔣經國提出的一封陳情書，是我的翻譯「作品」。

也許這種韓國人的「不良」紀錄，造成臺灣一般百姓偏好日本貨。我去水果攤買蘋果，富士蘋果原先是日本種，但現在韓國、美國、加拿大、紐西蘭及澳洲等國也大量生產。我看到蘋果紙箱外明明印的是韓國字，惟水果攤販主張是日本富士蘋果。我發覺攤販不老實，就不買了。

第二則：一對美國中年夫婦到德國旅遊，在下榻飯店餐廳點餐。服務生一邊服務，一邊問客人是不是來自美國？

這位美國先生不僅德語流利，穿著也不像美國人。點的菜也不特別，尤其夫婦二人未在服務生面前講過一句英語。先生感到有點疑惑，就反問服務生：「我的德語有英語腔調嗎？」

「沒有，您的德語非常正確。」

「那麼，你怎知我們是美國人？是不是我的衣服有不一樣的地方？」

「不是，剛才兩位進來後，一坐下來時就知道了。您為夫人將椅子搬移，請她先坐下。我們德國人不會如此做，尤其是夫婦之間。」

以上兩則笑話告訴我們兩個事實。一是韓國人個性特別急，萬事求快。二是韓國人和德國人對待夫人做法一致，不會在餐廳為太太搬移椅子，請太太先坐。這位德國服務生眼光獨到，令人佩服。

其實，我也有一套如同這位服務生般區別兩韓外交官的眼光。我曾在臺北外交部、駐韓代表處及駐泰代表處有機會接觸南韓和北韓外交官。他們雖然都是單一「韓民族」，可是兩國呈現諸多不一樣，值得一談。

先回顧一段中（臺）韓關係簡史。

一九六六年二月十五日韓國總統朴正熙訪華，當時朴正熙只有四十九歲，面對七十九歲蔣中正總統，兩人談話氛圍十分「嚴肅」。南韓著名資深媒體人趙甲濟大作《在我的墳墓上吐痰吧》，是一系列介紹朴正熙生平的巨作，曾在韓國暢銷。

趙甲濟在其書中對蔣中正和朴正熙間的對話，有下面這麼一段描述，給目前在台面上活躍的臺灣政治人物諸多省思：

「所謂領導人要會用人，並且用人時一定要看遠，不是看周圍。以我的經驗，對國家越有價值的人越深藏不露，不好尋覓。國事人才最重要。特別是優秀人才愈做久愈對國家有益，要讓他發揮能力必須提供足夠時間與條件。」

「是，知道了。」

「在亞洲，領導人統治人民要具權威。但是，絕不能為樹立權威隨便拔刀。刀的權威不在拔刀，而在於插在那裡讓它自己發光。領導人的顏面要經常橫溢德望，私生活要乾淨。」

「是，瞭解了。」

當時蔣介石確實像個父母、老師，朴正熙則像個兒子、學生，畢恭畢敬畫面，還留在很多人腦海。這也可從曾陪同朴正熙來華的外長李東元回憶錄記載得到證實：「朴正熙生前獲得最多助力且喜歡的人是美國詹森總統，心中最尊敬的人是蔣介石總統。」

我特別引用上面這一段談話，主要是為反映中（臺）韓關係之快速變遷，令人心寒。

六、七十年代，我們講「中韓兄弟之邦」，韓國人也都乖乖接受。但自南韓創造「漢江奇蹟」，冠上「亞洲四小龍之一」頭銜後，韓國人就開始提出「孰兄孰弟」問題挑戰臺灣。「管爺」管中閔前國發會主委曾說，韓國眼中早就沒有臺灣，我完全同意。在這種極為不平衡的情況下，最令人無法諒解的是「臺灣官員的臉還一直往韓國人的冷屁股貼」。

駐臺北韓國代表部每年舉辦的韓國國慶酒會，不僅外交部部、次長出席並致詞，總統府秘書長、五院院長及各部會等送花圈致賀。我不知道這是不是遵循蔣公遺訓「以德報怨」？還是表現「大國風度」？雙方來往非常「不平等」。

我們在南韓所受到的待遇與韓國人在臺灣所受到的禮遇，頗有差別。例如駐韓國代表處每年主辦的雙十國慶酒會，絕對看不到韓國外交部官員參加或官方致贈花圈祝賀，最多就是數名國會議員露露臉、握握手。

更讓人無法理解的是，外交車輛使用的車牌。駐韓代表處代表的賓士車掛的是「代表」車牌，相對地，駐臺北韓國代表部代表的車牌掛的是「外」字。前者只有「代表」待遇，另一個卻享受「外交」禮遇。連一個車牌都不能「平等互惠」？外交部自甘「矮人一截」。

外交部不斷想找一個出處「出口氣」，因此，多年前開始向北韓伸手。一九九二年至一九九七年我在駐泰國代表處服務期間，依據外交部的指示與駐泰國北韓大使館接觸，生平第一次和北韓外交官打交道，彷彿看到另外一個「小世界」，受益良多。

在臺灣，我們一般稱「大韓民國」為「韓國」或「南韓」；「朝鮮民主主義人民共和國」是「朝鮮」或「北韓」。但遇到北韓外交官就不能照以上稱呼，必須要改變，否則他們就裝着聽不懂。「韓國」要說「朝鮮」，「南韓」要稱「南朝鮮」或「共和國南半部」，北韓外交官的意識形態非常強烈。

眾所周知，南北韓分裂分治達七十年，除了南北語言腔調有差異，很多日常生活用語也不同。例如，南韓稱「專業主婦」，北韓說「家庭婦人」，南韓稱「狗肉」，北韓說「甜肉」，南韓稱「幼稚園教師」，北韓說「教養員」，語言隔閡越來越嚴重。

北韓外交官間的彼此稱呼也很特別。職稱後要加「同志」兩個字，比如，稱大使時要說「大使同志」。後來我跟他們頻繁來往，我也喜歡稱他們為同志，拉近雙方感情。他們高興接受，認為我是他們的「同志」。

我去過北韓駐泰國大使館幾次，可以說「大門深鎖」，一般人進出不易。從大使到外交官和工作人員都住在一個屋簷下，因此大使和外交官夫人也在大使館「義務」工作。我們去拜訪時，夫人穿著傳統韓服出來招待，問客人要喝人蔘茶或咖啡等。

目前，兩韓外交官彼此還是「虎視眈眈」，不相來往。甚至雙方隔著板門店，砲彈飛來飛去，戰爭隨時一觸即發。與之比較，兩岸外交官幸運多了，兩方不再劍拔弩張，在僑社活動中，大打「歌喉戰」，僑胞們看了喜笑顏開。

《中央社》於二〇一四年一月三十一日報導略謂：外交部國組司長周台竹有一次出席費城僑社活動，對岸副總領事也參加。周台竹先上臺唱了一首大家熟悉的〈花心〉，臺下也跟著哼唱，相當開心。

接著對岸副總領事上臺，用盡丹田力量大聲唱「小調」，聲音一出，大家四目相對，不知所措。臺下開玩笑說：「兩岸歌唱比賽，總比飛彈比賽好。」兩岸外交官間的「一家親」場面，確實讓兩韓外交官羨慕。

總而言之，目前兩岸和兩韓外交官站在「統一」跑道上比賽，看看兩岸跑得快，還是兩韓超前，世界在注目。

問題是，「國家認同」未明前，臺灣外交官「地位」與「身分」無法避免持續「迷失」和「搖搖晃晃」。

三　部長買不起一本書

古今來許多世家，無非積德；
天地間第一人品，還是讀書。
——清・金蘭生《傳世言》

我有幸在外交部服務期間利用公餘先後出版了《高麗第一》、《英文幽默笑話——外交100分》（英文）、《真的是中國人嗎》（韓文）、《朴正熙總統統治哲學》（韓文）、《介壽路二號的燈光永不熄滅》等五本書，算是個人在外交生涯中的另一種「小收穫」。

其中三本：《高麗第一》蒙前駐泰代表許智偉博士賜序；《英文幽默笑話——外交100分》由前外交部長胡志強博士寫序；另《介壽路二號的燈光永不熄滅》則由前外交部長田弘茂博士題字。我一直認為，這是長官對我的特別「愛護」，不敢「忘恩」。

如大家所知，田弘茂是首次政黨輪替後，第一位出任外交部長的人士，真沒想到，卻與我結下這麼一段「書緣」。田部長曾為我的《介壽路二號的燈光永不熄滅》一書題了四個字「勤於任事」鼓勵，內心充滿由衷感謝。

大約事隔一年後，田部長離開外交部前寫了一封長達四頁類似「臨別贈言」的信給全體外交部和駐外同仁，對於今後如何推動外交工作提出具體建言頗多，值得今日外交人員參考。

尤其令我個人受寵若驚的是，信中特別提到我的書名和部分內容來勉勵同仁，當時此新聞還刊登在二〇〇二年一月二十三日《中國時報》，由徐孝慈和周慧如兩位記者撰寫，題為〈凱達格蘭大道二號的燈光永不熄滅——函外交部同仁田弘茂道別〉，迄今我還把這份剪報當成至寶保存。

> 田弘茂在信內表示，回顧自己上任之初隻身來到外交部，正好是臺灣五十年來首度政黨輪替，也使我外交情勢歷經前所未有的挑戰。
>
> 他表示，元首外交與高層出訪是他施政重點之一，外交部相關單位為此均徹夜加班；如同外交人員自許《凱達格蘭大道二號的燈光永不熄滅》一樣，他對外交部人員的感佩也將永不止息。

但讓我訝異的是，部長信中把我的書名擅自改成《凱達格蘭大道二號的燈光永不熄滅》，把原來的「介壽路」三個字變成「凱達格蘭大道」六個字。說實話，其間我一直沒機會向田部長請教真正原因或提出口頭、書面「嚴正抗議」。

我曾想過花錢去請教律師，這是否屬於「意識形態」範疇？還是「犯罪」行為？明明書名是《介壽路二號的燈光永不熄滅》，田部長有何權可以更改為《凱達格蘭大道二號的燈光永不熄滅》？確實有一大堆疑問。

後來一心想再找機會另外出版一本書叫《凱達格蘭大道二號的燈光永不熄滅》，或許可以填補田部長自行更改書名的「失誤」。今日出版這本《外交部與歪交部》正巧也能多少彌補一下我的遺憾。

嚴格來說，這種「失誤」若退萬步想，部長沒有得到我的同意下任意篡改書名，就是在「共產」國家也不該發生長官更改部屬書名的事，居然能在號稱自由民主國家的臺灣外交部發生，也是一樁可以登上新聞的「新鮮」事吧。

重點是，田部長完全扭曲我的「創作」原意。

我當然知道當時「介壽路」已改成「凱達格蘭大道」。我覺得如果我用「外交部的燈光永不熄滅」，太「直接」指出外交部，恐怕不能吸引讀者，所以才以「介壽路二號」地址來代替「外交部」，一是凸顯我的創意，二是回憶「介壽路」的點點滴滴。連出版社的編輯也對我的這種構想非常認定。

在此，我還要透露一個小秘密。

封面「介壽路二號的燈光永不熄滅」十二個大字是我特別商請鄰居林博士的小學四年級女兒用蠟筆寫的。現在忘了我當時出書後有沒有送他們一本，一方面表示感謝，另一方面留作紀念。遺憾的是，他們已悄悄搬家，房子賣給了外交部一位張姓女同仁，又是一個嶄新緣份的開始。

篡改書名算「小 case」，我的精彩「書事」還在後段。讓我最不諒解的事發生於我在外交部領務局第三組工作時，有一天突然接到自稱中南美司某科科長的電話，他說駐西班牙代表處的代表（後來當上部長）夫人想要一本我的書《英文幽默笑話——外交 100 分》。

當時，突然遇到這種情況，我能說什麼？說 No 還是 Yes ？只有一個選擇 Yes。在不十分情願之下，我送了夫人一本，另加科長一本。兩人兩本，新臺幣總共二百八十元而已，算討個「書緣」吧。

書緣歸書緣。不巧的是，我不認識這位代表、夫人及科長。一般來說，若有點「交情」，伸手要一本書，沒話說。但是，彼此完全不認識的情況下，向「陌生人」索取一本書，有點說不過去。尤其對講究「國際禮儀」的外交官而言，不肯自己出錢買書，有點小氣了。

我還有兩次這種「書換書」的特別經驗，值得鼓勵年輕一代外交官。第一次是，曾任駐日代表，也是馬總統的哈佛校友馮代表，把寫在《聯合報》副刊等外交官「趣譚」經驗文章彙集成冊，成為廣受讀者歡迎的暢銷書。我贈他一本書，他立即以他的著作一本還我，禮尚往來，直覺此人屬於「Gentleman」型。

記得第二次是，一位姓萬的同事，他不僅能說笑話，讓辦公室充滿「笑聲」，並且出版一本中文笑話書，書店都有出售，實在了不起。我送他一本我的英文笑話，他也回贈我他的中文笑話，互相交換切磋、勉勵，也挺好的。

我曾將我的著作《介壽路二號的燈光永不熄滅》和《你好嗎？我是朴槿惠》等適時分贈藍綠高層多人，大部分人士都會禮貌上簡易回覆一封謝函。唯獨民進黨總統參選人蔡英文與國民黨總統前參選人洪秀柱二人沒有任何表示，讓我有點後悔，不該贈書給「不懂禮貌」的人。

提及外交官出書事，我曾請教我的好朋友信義書局林老闆，他告訴我他賣書，自己也喜歡看書，他說就他所知臺灣外交官寫的部分回憶錄外，其他種類著作不多見。有一天我問他有沒有出售《錢復回憶錄》？他答得很妙：「上、下兩本書太貴了！很多人買不起。」我只好再跑舊書店去找，結果還是沒有如願，讓我有點惆悵。

前一陣子發現，《中央社》好像有規劃出版一本《外交官的生活談》？我不知道。但我從去（二〇一四）年初開始注意到《中央社》的幾篇「特稿」立意甚佳。例如：「兩岸外交官『歌喉戰臺灣大勝』」、「總統傳譯陳珮馨 初登場皮皮剉」、「外交官非洲歲月嗑上千罐頭」等。讓國人瞭解外交官的生活甘苦，相信對拉近民眾與外交官間的距離，助益良多。

其實，我看過韓國外交部於二〇〇四年底出版的一本書叫《在外交現場》，由外交官和其眷屬描述在世界各國外交現場活生生的經歷，頗為生動。有位外交官夫人寫道：「外交官永遠生活在學習離別當中。機場接送人是離別，調離駐地也是一種離別。」讀了令人悽愴。

該書計有四十三篇文章，其中只有一位李姓外交官寫的一篇與臺灣有關。

一九九二年八月臺韓斷交後，於一九九三年十一月韓方先成立駐臺北韓國代表部。一九九五年三月兩國在臺北舉行秘密航空會談，不幸，兩天會議不歡而散。

這位外交官為了撰寫報告加班，深夜獨自開車回仁愛路住宅，在樓下停車場把車停好，正準備下車時，突然出現兇嫌一刀刺向脖子。急忙送至仁愛醫院動手術，撿回一條命。不解的是，該文自始至尾對我醫療人員和警方的協助不僅沒有謝意，反而頗多誤會。

這件事也說明，當時臺韓斷交已有兩年餘，國人仍對南韓的怒氣未消。頓時，讓我想起陸以正大使在《聯合晚報》發表的一篇大文〈如此朋友能交嗎？〉文中提及：「如果韓國在斷交前及早通知我國，善意地磋商未來關係架構，民航條約不會因斷交舉動而自然失效。」言之成理。

經常聽大家說：「內政是外交的根本，外交是內政的延伸。」韓國前任外交部長、現任聯合國秘書長潘基文懂得此道理。在《在外交現場》一書序文中指出：「我們誠懇希望能成為一個受人民敬愛、信賴、服務的外交部。」潘基文更諄諄告訴韓國人：「外交官是各位的兄弟、姊妹及父母。」

一本書或一句話可以扮演拉近一般人民與外交官距離之角色。回頭再看看我們自己：至今外交部沒有出過一本書，介紹外交官的甘苦。臺灣外交官如何能讓人民感覺是我們的兄弟、姊妹及父母？答案很清楚。

四　台灣的國際獅子會不「國際」

要抱持一種種植不是一周一個月一年或十年，
而是在一百年後才能看到開花的樹的心態。
——韓．金東吉《百年後始開花》

大家一定會還清楚記得，不久前，台北市長柯文哲鬧出一場國際笑話的醜事。柯文哲在市府接見英國國會議員時，收到一份禮物是手錶，他跟記者說成是「古董」，要當「廢鐵」處理，當然這是非常不禮貌的言語。

此事經報紙與電視熱絡報導後，柯市長知道自己對外賓失禮，最後補救的方法是：他要抽空去上一堂「國際禮儀」課程。真不知日後外交部還敢不敢安排外賓去拜訪柯市長了。

有時還看到柯市長穿短袖襯衫、沒戴領帶與外賓晤談，但是坐在柯市長旁邊的外賓卻穿得西裝筆挺。看起來很不搭配，外賓如「大老闆」，柯市長像「公司職員」。台灣天氣再熱，不至於台北市政府窮得連冷氣機都不開吧。

不過，這些事也說明了台灣的「國際水準」還不達標準。

在全世界各國中，台灣的國際扶輪社、國際獅子會、國際青商會等組織一直在國際舞台表現「強盛」，值得驕傲與令人羡慕。

就以國際獅子會來說，的確扮演着「民間外交」的重要角色。眾所周知，無論是大都會台北市或小城鄉南投縣都有獅子會組織，其中，大部分與鄰近國家日本、新加坡及韓國等國家獅子會締結有深厚姊妹會關係。

我很榮幸從二十幾歲開始到現在，四十多年來斷斷續續擔任台韓兩個姊妹會間的傳譯工作，獲得不少寶貴經驗。在此，不怕得罪什麼人，還是願意提出來一些可以改進的舉措與大家坦誠討論。俗話說：「禮多人不怪」。

先說外語方面問題。據我所了解，獅子會光一年會費就要兩三萬元，當上會長則一年恐怕也要花費二、三十萬元，因此，小公務員無法負擔，只有各行各業「事業有成」人士參加，只談「經濟」不論「教育」水平。

在這種環境下，外語水準可想而知。

我所接觸的獅子會中，會友會講英語的人少見，有些人會講一些日語，但幾乎沒有「韓語人才」。除非，少數獅子會裡擁有韓國華僑出身會友可以協助翻譯。

因此，國人與外國朋友間的交流與溝通，需要借助良好的「外語」橋樑顯得頗為重要。

姊妹會間的來往，一年中有兩大「慶事」要辦，一是我們組團去韓國參加「慶祝創立紀念大會」，二是韓方來台參加「授證日慶典」活動。

無論是我方或韓方，一年一度的「慶典」大都隆重，人數也以數百計，場面不小，算是一場國際舞台。參與人員男士多穿西裝，女士為洋裝打扮或獅子會團體制服等，合乎「國際禮儀」。

但最讓我痛心的是，一些獅子會「有頭有臉」的人不守「規矩」。有一次參加台北市某獅子會「授證日慶典」晚宴，我為了擔任韓國獅子會會長的傳譯坐了主桌。飯吃到一半，結果這些人中途「溜掉」，留下外賓。

現代社會大家都「很忙」是可以理解的，但是一旦應邀參加晚宴，則應該以晚宴為主，禮貌上結束才能離席，而不是自己一人吃飽了，拍拍屁股就回家或又去參加另外一場約會，根本沒有尊重外賓。

還有一次遇到更離譜的事。

有一位L姓前獅子會會長、地區總監，晚宴上遲到又早退，吃相極為難看，真不敢相信此人曾經擔任過獅子會的要職。他一上桌後，在眾目睽睽下，先拿掉領帶，再把襯衫兩個袖子往上捲起來，好像要跟人打架姿勢，低頭開始拼命吃，吃完後就自行走掉，這種光景我在獅子會第一次見到。

另外，飯桌上如何正確使用「牙籤」也是一門學問。我看到少數獅友吃飯後右手使用牙籤時，沒有用左手輕微擋住嘴巴，甚至用完後，還把牙籤咬在嘴巴玩，實在不敢領教。希望能在外國朋友面前要有個正確使用牙籤的好習慣。

據說，位於台北市仁愛路圓環的外交部「外交及國防事務學院」（前外交領事人員講習所）舉辦很多講習，例如為在台各國外交人員的家屬開設「華語教學」等課程，為何不能為國際獅子會的會員舉辦「國際禮儀」課程呢？

此際，我也特別呼籲柯市長率先做一位「模範學生」，趕緊報名參加國際禮儀課程，不僅只做一位稱職的「台北市長」，還要做一位合格的「國際市長」好嗎？相信很多獅友也願意與柯市長做「同學」。

今天，我們生活在一個地球村（Global village），每天走在大街小巷。今遇到許許多多外國人向你打招呼或問候，如果你不會說各種外語（至少英語），就會越來越感覺「與世隔絕」了。

五　中華民國與「臺灣共和國」

所謂國家和民族，
不是冬天穿過，
夏日即可丟掉的外套。
——韓・李御寧《新韓國人》

「全世界只有一個國家名稱是叫中華民國」。

「臺灣只是一個地名，不是國家名稱」。

我在駐泰國代表處以簽證官身份在簽證大廳用英語面談時，正好「教訓」一位擬申請來臺簽證的老外。旁邊一位臺商聽到後伸出「大拇指」向我示意。我不是要跟這位老外吵架，我的基本觀念是「你要來臺灣旅遊或經商，首先要尊重我的國家正式名稱是Republic of China」。

無可諱言，這是今天臺灣外交所處的現實環境。

藍綠鬥爭，說穿了，就是中華民國與未來「臺灣共和國」的一場「你死我活」惡鬥。「臺灣共和國」要成立，首先要消滅一百多年老字號「中華民國」，再來要抵抗「中華人民共和國」。這個「臺獨工程」，說實話，我認為只要「中華民國」或「中華人民共和國」存在一天，「臺獨」

就形同「白日夢」。

環顧國際現實，一張世界地圖很清楚。目前承認「中華民國」的國家只有二十一個。現在臺灣在國際舞臺上好像依賴美國和日本的「保護」，但實際來說，這兩國早已與「中華民國」斷交，承認「中華人民共和國」時，既已向中國保證：世界上只有一個中國，「中華人民共和國」是唯一合法政府。在這種處境下，臺灣能自美、日兩國獲得什麼？答案實在有限。

隨着G2兩大勢力架構成形，中共立場越來越「堅定」。在「一個中國原則」下，中國不反對其建交國與臺灣在經濟、文化等領域之交流，但反對政治、外交方面之接觸。限制的範圍自然一清二楚。

在外交運籌「有限」的情況下，民進黨總統參選人蔡英文五月二十九日赴美三週，為什麼要先向美國人說明「維持兩岸現狀」，才能安全進入「未來臺灣總統」的名單？

如果國情不同的南韓總統盧武鉉還在世的話，肯定會瞧不起蔡英文，更瞧不起朱立倫。當時靠意識形態和二、三十歲年輕選民支持當選總統的盧武鉉，競選總統時，他與其他候選人表現不同。盧武鉉向選民公開說：「我選的是大韓民國總統，也不是選美國總統，為何要先去跟美國人拜碼頭呢？」他實現諾言，勝選後才訪美。

民進黨「二千三百萬臺灣人民自己決定國家未來前途」之主張，雖然目前困難度很高：第一，先是藍綠統獨意見分歧；第二，中國大陸當然反對；第三，海外僑民一樣分歧。但隨著國內外局勢的發展，臺灣人民意識的覺醒，「天然獨」的年輕世代不斷成長，誰說不會實現？

現前兩韓與兩岸情況形成強烈對比。首先，兩韓如同兩岸分裂分治逾半世紀，雖然對外一直使用的國號「大韓民國」和「朝鮮民主主義人民共和國」不同，但國家統一目標始終如一。其次，南韓人口現有五千萬，北韓則有兩千五百萬，海外韓僑約一千萬，他們的夢想一致是兩韓統一。

今年是兩韓分裂七十週年，其間雙方雖「吵吵鬧鬧」不斷，但無論是朴槿惠或金正恩沒有一方敢說「獨立」，因為誰主張「獨立」就被烙印成「歷史罪人」。南北韓的共同分母是「統一」，只有「和平統一」與「武力統一」之區分。

坦白說，臺灣目前面臨的嚴重問題是，國內意識鬥爭影響各個層面深廣。例如國語和臺語，哪一個是官方語言？越來越模糊。臺灣不像新加坡早期制定英語是官方語言，沒有制定所謂的官方語言。過去，蔣介石時代，政府大力推行國語，國語就成了官方語言。但這種情況隨政治生態變化不斷變質。

以往，在外交部裡，長官或同事間溝通時大部分人都講國語。現在，多已混用，苦了我這種不會說臺語的人。

我因為成長環境不會說臺語，在外交部領務局第三組任職時，就發生過一次「不愉快」的事。有位民眾打電話來，不管我聽懂聽不懂，講了些臺語。我鄭重表示聽不懂，請他說國語。他不高興地問我：「你是不是吃臺灣米喝臺灣水？」「火冒三丈」完罵三字經後電話就掛了。約過了十幾分鐘後，我接到部長室秘書電話，他很客氣地勸我：「多忍耐。」我想，語言的隔閡會造成很多誤解，台灣既是移民的環境，對於彼此是否能多包容，就像不會講客語的福佬人到客家庄，客家人還是願意用國語與你溝通啊！

中國大陸學生把臺灣納入中國一省，在他們認為是理所當然的。我在一所大學教授韓文時，有一次在課堂上講到亞洲四小龍國家指的是臺灣、韓國、新加坡及香港。結果一位學生舉手「警告」我說：「老師！臺灣不是國家。」

今天，中國的主張是，自一九四九年「中華人民共和國」誕生後，「中華民國」已列入中國歷代系統表中，夾在清朝和「中華人民共和國」中間，早已「存放」在歷史教科書。中華民國滅亡了嗎？還沒有，現實外交上，起碼還有二十一個國家承認「中華民國」。

不少政治人物總喜歡以「外交是內政的延伸」來勉勵外交官。但問題是，臺灣政治在國家認同搖擺不定下，的確消滅駐外人員一致對外的「實力」。這個課題未解，內部混亂無法休止。倘設計一個問卷調查，問外交官們：你愛中華民國還是臺灣？你主張中國統一還是臺灣獨立？恐怕會出現不同答案：有的人會明確主張中國統一；有些人則希望臺灣獨立；也有第三種人會說：現在不知道，採取「模糊」態度。

如果外交官對自己國家的未來呈現分歧，這是一個非常嚴重的問題。如同軍人「為誰而戰」一般，為中華民國而戰？還是為「臺灣共和國」而戰？外交官立場不堅定，自然失去歷史責任與使命。

這種外交日子，外交官只好得過且過，管他我心中的祖國是中華民國還是臺灣，甚至「中華人民共和國」。既然外交前途如此崎嶇，外交官心態只求「一時安身」，一切以「賺飽美元」為優先，丟掉一個邦交國與我何干？

頓時，讓我憶起陳之藩先生名著《旅美小簡》中的〈失根的蘭花〉一文：明末清初，一位畫家把蘭花連根畫出。朋友問他原因，畫家回話：明朝滅亡，根無地可植。臺灣目前的情況，到底是失根的蘭花，還是扎根於土地的野百合，端看我們自己的選擇。

六　馬英九的「歷史定位」

事親者。居上不驕。為下不亂。在醜不爭。
居上而驕則亡。為下而亂則刑。在醜而爭則兵。
三者不除。雖日用三牲之養。猶為不孝也。

——《孝經》

自二〇一三年九月二十三日至二〇一四年四月二十八日，期間我斷斷續續共寫了三十封公開信給馬英九總統，不幸或有幸，讓我「學以致用」，信中的「建言」或預測，如今一一「兌現」，赤裸裸地呈現國人面前，真讓我這政治學徒心裡有一種莫名其妙的「爽快」。茲將這些信濃縮為「極短篇」如下願與讀者分享：

九月二十三日第一封信中，我就警告馬總統：臺灣的民怨何其多？從洪船長、洪仲丘、大埔案等一連串事件，請問馬總統，您曾仔細想過為什麼會發生這些問題嗎？答案只有一個：「各部會首長把說謊當飯吃，政府謊話連篇，自然百姓怨聲四起。」

九月二十五日第二封信中，我很不客氣地指出：不知您會不會後悔，您實在管太多了。關說案應由檢察總長黃世銘一人辦就好，您何必站在第一線去衝，結果搞得自己頭破血流，實在不值得。哪有一位總統什麼事都一人在管？臺灣人民都在看您一人表演。

九月三十日第三封信中，建議馬總統辭去黨主席一職和犧牲行政院江院長和黃總長。並告誡「不尊重民意的政權必受人民審判」。拖延一年多，江、黃二人終於辭退。這個難堪下場，不是您造成的嗎？

十月七日第四封信指出，馬應對話和妥協，不該違逆民主主義的原則與根本，仍舊我行我素，被人批評為獨裁。只有馬一人對，別人都錯。這次選民的眼睛表現最雪亮。

十月十四日第五封信中指出，只要國內政情一日不穩定，您的聲望就每況愈下。臺灣不會像南韓、泰國及菲律賓發生軍事或人民（People Power）政變；機率微乎其微，但是對您丟鞋子的人會越來越多。

十月十八日第六封信中說，對於柯、王二人關說案，您強調的是「大是大非，要真相」。我也舉手贊成。但不幸，關說案演變成案外案的監聽案，不僅真相被掩蓋，並且馬、王雙十國慶「握手言和」已造成您的「大是大非」進入歷史墳墓，確實傷及您的威信。

十月二十五日第七封信中指出：其實，我也聽說，您以臺北市長身分訪問首爾，喝醉酒胡說的故事。您以法務部長身分訪問曼谷時，我也親自聽您說過您口中的三字經，因為您我都是人嘛，但現在您的身分是總統，致詞就致詞，不必發那麼大的火。您的器度學考零分啊！

十一月四日第八封信中，以南韓歷屆無能、腐敗總統下場為例，警告馬總統，「馬王政爭」不解，民怨積壓愈多，丟鞋子的人民也會增加。太陽花學運為何發生？您有研究過嗎？

十一月十一日第九封信中說，您在國民黨第十九次全代會中強調國民黨是民主政黨，不幸，臺灣人民卻親眼看到的是「鼓掌通過」與「不准黨員上臺發言」。對不起，對我這政治學博士而言，酷似中國和北韓共產黨開會的「一言堂」做法。

十一月十八日第十封信指出，甘比亞宣布與我斷交，居然外交部和外館事先一點都不知道，不僅讓府院狀況外，把您與江院長拖下水，變成灰頭土臉。此時此刻，臺灣人民不禁想問：「這是什麼大使館？這是什麼外交部？這是什麼政府？亂成一團。」臺灣人民還需要這個政府嗎？外交部和駐外人員都在沉淪。

十一月二十五日第十一封信建議內閣立即改組。在民主國家，當總統面臨危機時，總統要拿出「急救藥」，果斷採行內閣改頭換面，刷新政治氛圍，讓人民面對新希望。

十二月二日第十二封信中指出，您在「食品安全會議」中講了「倒楣」，又成了媒體攻擊您的話題。從總統口中講出「倒楣」，又將責任推給陳水扁政權，說實話，執政六年的總統，還在與前朝比爛，臺灣人民不會接受。

十二月九日第十三封信指出：臺灣人民真搞不懂，到底是您無能，還是您的一種拖延戰術，讓臺灣亂到您卸任為止。目前，甚至對岸的大陸高層恐怕也不相信您啦，哪來歷史定位？

八年政績就是「兩手空空」，甚至您還要嚴肅面對法律制裁。

十二月十六日第十四封信中說：臺灣人民每天罵您，罵到您卸任。身為一國總統的人沒有威信，沒有尊嚴，這是何等悲哀？大陸看到了，美國看到了，全世界都看到您的悲情故事。

十二月二十三日第十五封信指出，最近，李敖大師上電視政治評論節目公開預測您卸任後的下場，他說您的具體非法案件不只一件，黃世銘洩密案太「明顯」了，您絕對逃不掉法網。繼陳水扁入獄，二千三百萬臺灣人民又要看到您的下場。

十二月三十日第十六封信提醒馬總統要有警覺心。預言不僅臺中市不保，甚至臺北市和二〇一六年總統大位也難保。國民黨再次失去政權，指日可期。

二〇一四年一月六日第十七封信中直斥，最令人不齒的是，內閣不團結。江院長與李鴻源內政部長間「你一句、我一句」，酷似小孩在鬥嘴，十分難看。問題是，發生這種事要由Control Tower立即調停或滅火。但不幸，至今沒有這種機制。

一月十三日第十八封信提及總統出訪事，不得不提總統夫人周美青女士的角色，國人咸認為夫人外交很重要。但不幸給國人的印象是，兩人好像「各玩各的」，一人在美國，一人在英國，非常不搭配。

一月二十日第十九封信預測馬英九雖「不沾鍋」，但這不代表馬的親信或行政團隊也不沾鍋，從林案、賴案等，在在說明馬政府「官商勾結」問題嚴重。

一月二十七日第二十封信中指出，國人張德正大膽開車衝撞總統府是因對司法不滿。憑良心說，目前有多少國人對司法不滿，馬總統和司法院賴院長應負最大責任。

二月八日第二十一封信指出，國民黨要靠「金小刀」來打贏選舉，恐怕是馬的失算。太低估民進黨實力，也太「小看」臺灣人民水平，馬和國民黨還在「睡覺」，實在危險。

二月十七日第二十二封信說：總統夫人有一次公開指出，馬沒有朋友。好像夫人的話沒錯。從內閣問題和國民黨內部問題來看，內閣會有什麼政績表現？國民黨會團結嗎？每晚睡覺前，請您好好想想夫人的話。

二月二十五日第二十三封信指出，外省人執政，臺灣人怕會被「統一」，若臺灣人掌權，外省人則怕臺灣會「獨立」。你怕我，我怕你，怕來怕去，一到選舉，你騙選民，我騙選票。政治人物都變成「大騙子」，只顧享受權與錢，最可憐的還是百姓。

三月三日第二十四封信指出，高希均教授說得好，既然「統獨問題」影響經濟發展，國民黨和民進黨何不來一場「統一」與「獨立」選戰。藍贏了，即宣布統一。綠勝了，就宣布獨立。

三月十日第二十五封信中已預測，十一月二十九日九合一選舉與二〇一六年一月十六日總統選舉，不僅國民黨會慘敗，馬英九的處境也會落魄，成為「第二個」阿扁。

三月十七日第二十六封信批評臺灣政治非常不民主。總統與反對黨領袖不能見面，甭談就重大國事問題彼此交換意見。臺灣政治人物卻口口聲聲愛說「臺灣是民主、法治國家」，其實不然。

四月二日第二十七封信中不斷提醒馬總統，不要低估臺灣人民的People Power。並進一步警告，丟鞋是小事，事態還會繼續擴大。

四月七日第二十八封信中建議馬總統採取緊急措施，改變政治生態與環境：（一）內閣換人；（二）與反對黨展開對話；（三）特赦陳水扁等。

四月二十一日第二十九封信中指出，臺灣要改革的太多。譬如，總統任期四年，連任一次可幹八年。說實話，時間太長，腐敗醜聞多，並且藍綠橘想做總統的人都在一一排隊，因此，建議趕快把總統任期縮短為單任五年，刻不容緩。

四月二十八日第三十封信更指出，臺灣目前亂象，讓世界各國看笑話，何能期望他國尊重臺灣。國不像國，黨不像黨，政治人物更像土匪，每日口水、打架。因此，馬不像一國總統，示威者每天要求馬「俯首認罪」，馬卻忙著左逃右避。這是臺灣的悲歌，只有繼續唱下去。

我想馬總統看了以上的內容後，一定會不爽。但，馬上就要「曲終人散」，馬的所作所為可受公評，即便回馬槍的「馬習會」也是貶多於褒，各家皆有評論。明年五月下臺後，馬英九必須面對「法律面前人人平等」的司法，重啟調查「馬王政爭」及其他所涉各案。

後記

一、一千個感謝

本書初稿完成之際，有一天在電腦前突然感覺身體不適。急忙跑去仁愛醫院心臟科陳醫師處掛診、檢查，陳醫師認為我有輕微中風病症，催促我立即住院治療。

我小時不聽父母話，結婚後也不聽老婆話，屬於「霸王」型。但這回情況不同，書稿尚未問世，不能就此躺下來。因此，決定聽陳醫師的話，馬上治病。

住院三夜四天，病情穩定後出院。期間，承蒙陳醫師的細心照料及聰明哥和瑪莉姊在百忙中親至病房探視，還跟我開玩笑說：「忘了帶一瓶金門高粱酒。」在此深深一鞠躬，謹向他們表示由衷感謝。

二、贊成政黨輪替反對臺獨

再過一個月，馬上就要舉行總統和立法委員選舉。臺灣每次選舉都很熱鬧，但這一次好像特別不一樣。

去年十一月二十九日地方選舉之前，我已寫信給馬英九總統預測選舉結果，國民

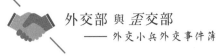

黨不僅在臺北、臺中兩個城市會輸，並且九合一選舉國民黨會慘敗。果然結果如我所預料。

不用我個人的政治嗅覺，國民黨上下也已私下預測明年一月十六日的選舉，民進黨候選人蔡英文會當選下居總統。至於立委選舉，咸認為國民黨的席次會很難看。

我的信念很單純。在民主、法治國家，無論是哪個政黨，幹不好就下臺，對人民負責。但我一直反對臺獨，因為臺灣還沒有成立「臺灣共和國」的本錢。

三、人生是未完成式

回顧我在外交部服務十六年，所見所聞，人與事，也充滿喜怒和哀樂。這本書裡畫出來的這張外交官的面貌，有的少畫了眼睛，有的則多畫了耳朵等，有美有醜，是一張未完成的「破碎」之臉。希望讀者給予諒解與指教。

韓國著名資深電視演員、歌手金成煥的一曲〈人生〉打動很多人的心。將歌詞翻譯出來，願與大家分享人生。

來臨這個世界雖不是我的心意，但我的心充滿夢想；
為了尋找我手中沒有的東西，不分晝夜，不回首看，一直向前奔馳；

現在想起，那一切恰如夢般；
人生不能活兩次，後悔也無用；
瞬間流逝的歲月，嘆息也無法挽回；
剩下的歲月要好好打發；
回顧人生，有羞愧也無法洗去；
剩下的歲月要好好度過。

四、要珍惜人生的每個瞬間

若想知道一年的價值，就去問期末考試落榜的學生；
若想知道一個月的價值，就去問早產兒的母親；
若想知道一週的價值，就去問週刊雜誌社的主編；
若想知道一天的價值，就去問養育十名子女的日薪勞工；
若想知道一小時的價值，就去問等待約會的戀人；
若想知道一分鐘的價值，就去問未能搭上火車、汽車或飛機的人們；
若想知道一秒鐘的價值，就去問從事故中獲救的人；

若想知道千分之一秒鐘的價值，就去問在奧運競技獲得銀牌的人；
時間不等待任何人。
要愛惜一分一秒。
若能與他人分享則更有意義。

——譯自美國專欄作家 Ann Landers 的遺作

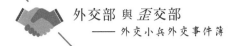

國家圖書館出版品預行編目資料

外交部與歪交部：外交小兵外交事件簿 / 劉順達作. -- 臺北市：
亞太政治哲學文化, 2015.12
面； 公分. -- (政治；3)
ISBN 978-986-91739-3-3(平裝)

1.外交人員 2.通俗作品

578.8 104026267

政治003

外交部與歪交部

——外交小兵外交事件簿

作　　者：劉順達

文字編輯：克萊頓
美術設計：上承文化設計有限公司

出 版 者：亞太政治哲學文化出版有限公司
發 行 人：陶延生
地　　址：105-97 台北市松山區南京東路 5 段 48 號 7 樓
電　　話：（02）2747-0599
傳　　真：（02）2747-0389
E-mail：appp5399@yahoo.com.tw
booksway@gmail.com
Facebook：https://www.facebook.com/apppc.tw/
郵政劃撥：帳號：50265671
戶名：亞太政治哲學文化出版有限公司

發行總代理：紫宸社文化事業有限公司
地　　址：新北市中和區中山路三段 110 號 7 樓之 6
電　　話：（02）8221-5697
傳　　真：（02）8221-5712

出版日期：2015 年 12 月
定　　價：定價／新台幣 300 元

ISBN-13：978-986-91739-3-3